LA BIBLE DES
SOUPES

LA BIBLE DES

SOUPES

Recettes des quatre saisons

Bath · New York · Singapore · Hong Kong · Cologne · Delhi
Melbourne · Amsterdam · Johannesburg · Shenzhen

ISBN : 978-1-4454-9092-2

Imprimé en Chine
Printed in China

Note au lecteur
Une cuillerée à soupe correspond à 15 à 20 g d'ingrédients secs et à 15 ml d'ingrédients liquides.
Une cuillerée à café correspond à 3 à 5 g d'ingrédients secs et à 5 ml d'ingrédients liquides.
Sans autre précision, le lait est entier, les œufs sont de taille moyenne et le poivre est du poivre noir
fraîchement moulu.

Les temps de préparation et de cuisson des recettes pouvant varier en fonction, notamment,
du four utilisé, ils sont donnés à titre indicatif. Les ingrédients facultatifs, les variantes ainsi que
les suggestions de présentation ne sont pas incluses dans les temps indiqués.

La consommation des œufs crus ou peu cuits n'est pas recommandée aux enfants, aux personnes
âgées, malades ou convalescentes et aux femmes enceintes. De même les femmes enceintes
et les personnes souffrant d'allergies doivent éviter de consommer des cacahuètes ou des fruits
à écales ainsi que les produits qui en sont dérivés. Vérifiez toujours que les ingrédients prêts
à l'emploi n'en contiennent pas.

Crédits photographiques
Pages 164-165 : palourdes sur une table © Justin Lewis/UpperCut Images/Getty Images

Sommaire

Introduction

Les soupes nous offrent un véritable tour du monde culinaire. À chaque pays sa recette traditionnelle – chowder américain, bortsch russe, gaspacho andalou, potée écossaise… Cette popularité n'a rien de surprenant. La soupe est une préparation généreuse, nourrissante, appétissante, à la fois économique et saine. Elle permet d'exploiter bas morceaux de viande ou de poisson, restes de riz ou de pâtes, mais aussi tous les légumes qui ne sont plus de première fraîcheur. Une soupe mijote longuement sur le feu, sans surveillance particulière. Elle peut se préparer à l'avance, se conserver au réfrigérateur ou au congélateur, pour être réchauffée à l'envie. Incroyablement polyvalente, la soupe s'adapte à toutes les saisons – elle nous réchauffe l'hiver, nous rafraîchit l'été, nous apporte bien-être, nous nourrit, tout en étant facile à digérer, et se prête à tous les repas, du souper solitaire aux tablées festives.

Ingrédients essentiels à la préparation d'une soupe

INGRÉDIENTS SECS

Nombreuses sont les soupes à base d'ingrédients secs. Les amateurs de soupes et potages maison veilleront à stocker quelques basiques dans leur placard. Si les ingrédients secs bénéficient souvent d'une longue durée de conservation, une inspection régulière des dates de péremption s'impose.

Bouillon

Pas de soupes dignes de ce nom sans un bouillon de qualité ! Les bouillons faits maison restent incomparables sur le plan de la saveur, mais les bouillons instantanés représentent une alternative bien pratique. Préférer les bouillons sous forme de gelée ou concentrés liquides. Les cubes sont souvent trop salés.

Huiles

Les huiles végétales neutres – tournesol, pépins de raisin ou colza – sont utilisées pour la cuisson préliminaire des légumes. Les huiles à saveur prononcée, comme l'huile d'olive ou l'huile de graines de sésame, sont ajoutées en fin filet juste avant le service.

Pâtes et nouilles

Fins vermicelles et petites pâtes s'imposent dans le minestrone et les généreuses soupes liées. Les nouilles asiatiques apportent volume et texture aux potages clairs.

Céréales

Riz, orge perlé et épeautre agrémenteront toutes sortes de soupes. Des céréales insipides, pour de judicieuses associations avec des légumes à saveur corsée et des herbes aromatiques.

Légumineuses

Haricots secs, lentilles et pois chiches agrémentent de leur douce texture farineuse et de leur saveur terreuse certaines soupes. À l'exception des lentilles, les légumineuses exigent un long temps de trempage et de cuisson, avant leur ajout dans une soupe. Les légumineuses en boîte sont plus pratiques.

Sel

Indispensable dans les soupes, le sel, même en petite quantité, reste un agent de sapidité incontournable. Utiliser du sel de table fin pour assaisonner une soupe en cours de cuisson. Ajouter une pincée de fleur de sel juste avant le service, pour une texture croquante et une explosion de saveurs.

Assaisonnements, sauces et condiments

En bocaux ou en bouteilles, ces ingrédients bénéficient d'une longue durée de conservation. Une cuillerée à café de sauce soja ou quelques gouttes de sauce de poisson thaïlandaise suffiront à dépayser une soupe. La sauce Worcestershire apporte sa saveur piquante et le Tabasco le feu des épices.

Épices

Les épices confèrent fragrances et saveurs aux soupes. Poivre noir, flocons de piment rouge, paprika, cumin et graines de coriandre restent les plus utilisés, mais noix muscade et cannelle méritent aussi leur place dans un assortiment d'épices. Préférer les épices entières, sachant que les épices une fois moulues perdent rapidement de leur force.

Herbes aromatiques déshydratées

Les herbes aromatiques à saveur corsée, comme le romarin, l'origan, la sauge et le thym, conservent tout leur potentiel sous forme déshydratée. Ajoutées aux légumes pendant leur cuisson préliminaire, plutôt qu'intégrées au bouillon, elles libèrent plus pleinement leur saveur. Acheter les herbes en petites quantités et les conserver dans des boîtes hermétiques.

Champignons déshydratés

Morilles, shiitakes et cèpes conservent une incomparable saveur sous forme déshydratée. Il suffit de faire tremper les champignons 15 minutes dans de l'eau chaude avant utilisation. Le liquide de trempage filtré peut être ajouté au bouillon.

Agents épaississants

Dans les soupes, les épaississants à base de farine assurent la liaison des liquides et des solides, en maintenant les solides en suspension. Pour épaissir 1 litre de soupe, saupoudrer 25 g de farine de blé sur une quantité égale de beurre ramolli. Lier les ingrédients. Incorporer progressivement le mélange dans le liquide, au fouet. Porter à ébullition. Laisser mijoter 5 minutes, sans cesser de remuer.

Fécule de maïs, de manioc ou de pomme de terre sont utilisées pour épaissir les potages clairs. La fécule cuit rapidement et apporte une texture légèrement glutineuse à une soupe. Mélanger la fécule à un peu d'eau pour former une pâte lisse, avant de l'intégrer à un liquide chaud. À ajouter en fin de cuisson, sans cesser de remuer au cours de la phase d'épaississement.

Vinaigre

Quelques gouttes de vinaigre de vin ou de vinaigre de riz relèvent d'une pointe de saveur la plupart des soupes. Plus doux et sirupeux, le vinaigre balsamique est versé en fin filet dans la soupe, juste avant le service.

INGRÉDIENTS FRAIS

Conserver soupes et bouillons au réfrigérateur ou au frais dans un garde-manger, mais aussi tous les ingrédients et produits de saison nécessaires pour les garnitures.

Produits laitiers

Ils apportent richesse et consistance aux soupes, de même que de précieux nutriments, comme les protéines et le calcium.

Beurre: à utiliser pour une première cuisson des légumes. Une noisette de beurre fondue dans la soupe chaude l'adoucit.

Fromage: une garniture de premier choix. Râper les fromages à pâte dure, comme le parmesan et le cheddar. Les fromages à pâte fondante, comme la mozzarella et le gruyère, forment un délicieux nappage sur les croûtes (*voir* page 13). La feta émiettée apporte une saveur acidulée et salée.

Crème fraîche: elle enrichit les soupes de sa saveur et de sa texture délicate. Ne pas l'ajouter dans une soupe bouillante, sous peine de la faire cailler (*voir* page 13 l'astuce pour rattraper une soupe caillée).

Yaourt nature: à utiliser pour casser la saveur trop corsée d'une soupe, ou comme base d'un potage froid. Le yaourt intégré à une soupe bouillante aura tendance à cailler.

Poissons et fruits de mer

Poissons et fruits de mer aux saveurs subtiles et à la texture délicate exigent une cuisson douce, afin d'éviter qu'ils se désagrègent ou durcissent.

Lotte, flétan et vivaneau: ils forment la base des soupes de poisson composées, comme la bouillabaisse. Découper le poisson en gros morceaux et le cuire à petit feu, jusqu'à ce que la chair devienne opaque.

Saumon: délicieux dans les soupes légères, avec de petits légumes primeurs ou de fines nouilles. Utiliser des morceaux issus de parties charnues, au niveau des filets, ou des lanières de chair, prélevées au niveau de la queue, et présentant moins d'arêtes.

Crevettes: fraîches ou surgelées, elles représentent l'ingrédient incontournable des potages clairs asiatiques ou du crémeux laksa. Retirer la veine noire (intestin) le long du dos des crevettes avant utilisation. Cuire les crevettes rapidement, jusqu'à ce qu'elles deviennent opaques. Une cuisson prolongée rendrait la chair trop coriace.

Viande

Un ingrédient à l'origine de soupes nourrissantes aux riches saveurs. Les plus bas morceaux se métamorphosent en tendres délices après un mijotage prolongé. Les restes de viande cuite entrent aussi dans la composition de soupes

Bœuf et veau: leurs solides saveurs tiennent tête à celles des épices, du chou et autres légumes au goût prononcé. Avec les soupes mijotées, utiliser des bas morceaux comme le flanchet de bœuf ou l'épaule d'agneau. Détailler la viande en cubes, retirer la graisse visible et le cartilage. Façonner des boulettes miniatures de viande de bœuf ou d'agneau haché, pour enrichir une soupe claire.

Porc: viande à la saveur légèrement suave qui complète aussi bien les potages crémeux que les soupes orientales épicées. Opter pour du filet ou des côtelettes désossées, découpés en fines lanières ou en dés. Le lard rehausse la saveur des soupes.

Volaille

Les recettes de soupes à base de volaille se comptent par centaines. Ces soupes universellement populaires sont aussi parmi les plus roboratives.

Poulet et dinde: utiliser indifféremment l'une ou l'autre de ces volailles. Découper la chair en fines lanières ou en dés. Éliminer la peau. La chair des cuisses et des pilons est plus succulente que celle de la poitrine.

Canard: cette viande raffinée se marie particulièrement bien aux épices, comme l'anis étoilé et le fenouil. Découper la chair en fines lanières ou en dés, en veillant à retirer peau et graisse.

Légumes

Leur polyvalence en fait des ingrédients de choix, à la base de nombreuses soupes. Les légumes apportent saveurs, textures et couleurs, en plus de précieuses vitamines et minéraux.

Les basiques

Céleri, carottes et oignons: indispensables à la préparation d'un bouillon, ils s'associent pour créer un bouquet de saveurs complexe.

Pommes de terre, panais et céleri-rave: un trio musclé à la bonne saveur terreuse. Écraser les pommes de terre farineuses et les utiliser en guise d'épaississant.

Ail, échalotes et poireaux: ils apportent une saveur suave, tout en fondant à la cuisson.

Légumes-feuilles: ils enrichissent les soupes de leur couleur, leurs saveurs puissantes et leurs vitamines essentielles. Parmi eux l'épinard, le chou et les blettes. Délicieux pour agrémenter des soupes à base de viande, de haricots et de pâtes. Éliminer les tiges coriaces et détailler les feuilles en lanières. Épinards et blettes expriment beaucoup d'eau, et exigent moins de bouillon.

Légumes de saison

Asperges, jeunes pois, courgette et maïs doux: ils sont à la base de fraîches et délicieuses soupes estivales. À utiliser 24 heures après leur cueillette ou leur achat, pour tirer pleinement parti de leur potentiel.

Roquette et cresson: à l'origine de soupes à la vibrante saveur poivrée. Ajouter pomme de terre ou crème pour donner plus de corps à la soupe.

Tomates et poivrons: au meilleur de leurs saveurs du milieu à la fin de l'été. Parfaits dans les gaspachos froids et toutes les soupes de style méditerranéen.

Potirons et courges: ils apportent couleur aux soupes automnales. Découper les légumes en quartiers, les faire revenir pour libérer les saveurs, avant de les mixer en une riche purée veloutée.

Topinambours: les tubercules possèdent une saveur distincte de noisette. À cuire dans du lait et du bouillon, pour la préparation de soupes hivernales fortifiantes.

Champignons: ils confèrent une saveur terreuse à toutes sortes de soupes. Parfaits pour donner corps et saveur aux soupes à base de viande, ils complètent à merveille les soupes d'inspiration asiatique.

Réduire en purée

Certaines soupes nécessitent d'être réduites en purée, afin de les rendre plus homogènes ou plus raffinées. Quelques-unes font exception, dont les potages clairs, comme le consommé de poulet aux vermicelles, et les soupes composées, comme le minestrone. Pour une soupe semi-liquide, réduire en purée seulement la moitié à deux tiers de la préparation. Le liquide résultant de la préparation est associé aux ingrédients solides réservés. Ce type de soupe offre une texture intéressante, tout en laissant deviner les ingrédients entrant dans sa composition. Le choix du matériel à utiliser dépend de la quantité d'ingrédients à traiter, du résultat recherché et du temps dont on dispose. Un équipement électrique est un gage de vitesse, mais retire le plaisir du travail à l'ancienne.

Blender

Pour obtenir un vrai velouté, préférer le blender. Les lames de l'hélice tournent à une vitesse plus élevée que celles d'un robot multifonctions, pour offrir une soupe à la texture très fine. Le bol haut et étroit de l'appareil maintient les ingrédients solides à portée des lames. Inutile dès lors d'arrêter régulièrement la machine pour mélanger les ingrédients. Maintenir le couvercle à l'aide d'un torchon plié, de façon à éviter débords et éclaboussures lorsque les lames commencent à tourner, surtout si la soupe est encore chaude. Pour prévenir tout incident, remplir le bol de moitié.

Robot de cuisine

Le bol d'un robot multifonctions présente une plus grande contenance que celui d'un mixeur. Le bouton d'impulsion facilite la maîtrise du mixage, mais le résultat obtenu ne sera jamais aussi satisfaisant que celui proposé par un blender.

Mixeur plongeant

Pratique pour réduire une soupe en purée à même la casserole, le mixeur plongeant présente une courte lame horizontale, au bout d'une tige métallique rotative. Le déplacement de l'appareil dans la casserole permet de broyer les solides et d'obtenir une purée de texture assez fine. L'atout d'un mixeur plongeant tient à sa facilité d'entretien, comparé à tous les autres équipements – la lame, généralement amovible, se rince sous l'eau du robinet.

Moulin à légumes

Réputé pour être un des ustensiles mécaniques les plus pratiques, le moulin à légumes ressemble à une passoire à pieds dépliables, qui prennent fermement appui au-dessus d'un bol mélangeur. L'ustensile est équipé d'une poignée montée sur ressort, couplée à un disque métallique perforé. Les ingrédients sont poussés à travers le disque et tombent dans le bol mélangeur.

Chinois

Cette passoire en forme d'entonnoir est l'instrument idéal pour réduire une soupe en très fine purée. Ses mailles très serrées retiennent les plus petites impuretés du bouillon et permettent de réduire les légumes ramollis en fin velouté. L'ustensile est fourni avec un pilon en bois fuselé, qui se glisse jusqu'à la base du cône et facilite le passage des préparations à travers les mailles.

Garnitures et suggestions de service

GARNITURES

Les garnitures attractives ouvrent l'appétit et reflètent le caractère de la soupe. Privilégier le contraste de couleurs et de textures.

Herbes aromatiques

Une pincée d'herbes fraîches animera n'importe quelle soupe. Sélectionner des variétés à feuilles tendres. Grossièrement hachées, elles sont ajoutées à la dernière minute.

Épices

Les épices piquantes, comme le poivre noir en grains, le cumin ou la coriandre, corsent la saveur des soupes à base de légumes ou de légumineuses. Moudre les graines au dernier moment et incorporer les épices juste avant le service. Ajouter une pincée de piment rouge ou de paprika, pour l'éclat de la couleur.

Pesto et tapenade (pâte d'olive noire)

Une pointe de pesto apporte vivacité et couleur aux soupes à base de pâtes ou de haricots. La tapenade crée un contraste de couleur dans les soupes dominées par la tomate ou le poivron.

Huiles

Verser sur la soupe un fin filet d'huile d'olive vierge extra, avant de servir, pour sa richesse, sa couleur et son velouté. Privilégier l'huile de graines de sésame pour les soupes de style oriental.

Noix et graines

Miser sur des noix concassées grillées, pour apporter saveur et croquant aux veloutés de légumes. Graines de potiron, de tournesol et de sésame offrent couleurs et textures.

Lard

De petits morceaux de lard entrelardé grillé rehausseront la saveur, la texture et la couleur des soupes mixées claires.

Légumes

Pour agrémenter de façon originale soupes mixées ou veloutées, opter pour des lanières croustillantes de carotte, de panais ou de poireau. Jouer sur la couleur, avec de l'oignon nouveau haché ou des dés de tomate épépinée.

Crème et yaourt

Une volute de crème ou de yaourt enrichit les soupes à la saveur assez neutre et tempère la chaleur des soupes épicées. Éviter un caillage de la crème ou du yaourt en les ajoutant dans la soupe hors du feu, juste avant le service. Crème épaisse et crème fraîche, à teneur élevée en matière grasse, présentent moins de risque de cailler comparées aux versions allégées, comme la crème aigre ou la crème liquide. Un yaourt grec aura moins tendance à cailler qu'un yaourt ordinaire.

Aïoli (*voir* page 168)

Une mayonnaise à l'ail, idéale en accompagnement d'une soupe de poisson méditerranéenne ou d'une soupe de légumes.

Rouille (*voir* page 167)

Une sauce provençale rouge à base d'ail très relevée, traditionnellement servie avec la bouillabaisse et d'autres soupes de poisson. Étaler la sauce sur des croûtons ou la diluer directement dans la soupe.

SUGGESTIONS DE SERVICE

Une soupe peut procurer un sentiment de satiété temporaire. Un accompagnement savoureux transformera cette entrée en un plat plus substantiel et copieux.

Pains

Le pain reste le partenaire idéal d'un bol de soupe chaude. Il apporte consistance à la soupe, tout en permettant de savourer jusqu'aux dernières gouttes d'un bol de soupe. Le choix proposé en la matière est immense, en boulangerie, comme en grandes surfaces, des pains de campagne traditionnels aux pains spéciaux issus des quatre coins du monde. Les amateurs de pains maison trouveront une sélection de délicieuses recettes au chapitre 6 de cet ouvrage (*voir* pages 202-221).

Ciabatta: un pain italien en forme de bûche, avec une mie à texture aérée et une croûte craquante. Parfait avec un minestrone ou les soupes à base de tomate.

Pains non levés: des pains plats confectionnés sans levure, comme le tendre naan, les chapatis, le pain pita, les tortillas et les galettes de maïs.

Focaccia: un pain plat italien salé, à surface creusée de fossettes, parfois saupoudrée de romarin ou d'oignon. Excellent en accompagnement des soupes italiennes.

Pain à l'ail: une spécialité italienne ou des régions méridionales françaises. Le pain enduit d'un beurre d'ail est réchauffé au four. Idéal avec les soupes de style méditerranéen.

Pain au levain: un pain confectionné à partir d'une pâte à base de levure, à fermentation lente. Sa saveur légèrement piquante s'accorde à celle de la plupart des soupes.

Croûtons (*voir* page 205)

Des cubes de pain rassis, grillés, dorés et croustillants à souhait. Pour agrémenter d'une texture croquante les soupes veloutées et crémeuses.

Croûtes

Épaisses tranches de pain blanc grillées au four, servies nature ou agrémentées de différentes garnitures. Parfait pour compléter un potage clair. Trancher une baguette du jour en diagonale et disposer les tranches de pain sur une plaque de cuisson. Mettre au four préchauffé, à 180 °C (th. 4). Retourner les tranches de pain, après 5 minutes de cuisson, jusqu'à obtention d'un pain uniformément doré et croustillant.

Pour préparer des croûtes au fromage, laisser cuire les tranches de pain 1 à 2 minutes de plus. Badigeonner une face de beurre fondu, et tapisser de fromage râpé ou d'une tranche de fromage de chèvre. Remettre au four et laisser cuire, jusqu'à ce que le fromage ait fondu.

PROBLÈMES ET SOLUTIONS

Par manque de pratique, l'amateur de soupes maison peut se trouver confronté à quelques petits problèmes.

• Soupe trop épaisse: diluer la soupe avec un peu plus de bouillon ou un autre liquide, selon le type de préparation. Réchauffer doucement la soupe et rectifier l'assaisonnement si nécessaire.

• Soupe trop claire: ajouter une pomme de terre cuite écrasée ou un autre féculent. Autre option, épaissir la soupe à l'aide de chapelure, de noix finement moulues, ou de fécule (voir pages 8-9). Veiller à ce que le mélange à base de fécule soit bien cuit, avant ou après son ajout dans la soupe.

• Présence de grumeaux: mixer un peu plus la soupe au blender, sans insister, sous peine de transformer les pommes de terre en une purée gluante. Autre option, passer la soupe au chinois.

• Soupe trop salée: ajouter 2 pommes de terre pelées, laisser mijoter 15 minutes, et retirer les pommes de terre. Les pommes de terre absorberont le sel. Autre option, ajouter un peu plus de liquide, comme du lait, de la crème ou du bouillon non salé. En augmentant la proportion de liquide par rapport au sel, la soupe perdra de sa saveur salée.

• Soupe insipide: ajouter quelques gouttes de vinaigre ou de jus de citron pour rehausser la saveur.

• Caillage de la crème ou du yaourt: la soupe était trop chaude au moment de l'ajout de la crème ou du yaourt. Pour 500 ml de soupe, mélanger 1 cuillère à soupe de fécule de maïs dans l'équivalent de 1 ½ cuillère à soupe d'eau, jusqu'à obtention d'une pâte lisse. Diluer la pâte dans l'équivalent d'une tasse de soupe. Verser et fouetter le mélange dans la soupe. Réchauffer doucement la soupe, sans cesser de remuer, durant 5 minutes, le temps que la fécule cuise. Mixer la soupe au blender, en plusieurs fois. Passer au chinois, avant de réchauffer la soupe. Si nécessaire, relever la saveur neutre de la soupe avec une pincée de sel.

Préparer un bouillon

Un bouillon fait maison rehausse et enrichit la saveur d'une soupe ordinaire. La méthode de préparation est toujours la même : les ingrédients mijotent à petit feu dans de l'eau, jusqu'à libération des saveurs. Le temps de cuisson dépend du type de bouillon. Compter 30 minutes pour un bouillon de légumes, de 2 à 3 heures pour un bouillon de viande.

Astuces

• Débuter toujours à l'eau froide. Inutile de chercher à accélérer le processus en recourant à de l'eau chaude, le bouillon obtenu serait trouble et opaque.
• Ajouter suffisamment d'eau pour recouvrir les ingrédients, de 5 cm au plus.
• Porter lentement le bouillon à ébullition. L'écume formée en surface sera facilement retirée à l'écumoire.
• Ne jamais laisser un bouillon à ébullition plus de quelques minutes, sous peine de troubler le liquide.
• Sauf indication contraire, ne pas saler. Les saveurs qui s'intensifient à la réduction du bouillon pourraient devenir trop corsées. Saler au moment de préparer la soupe.
• Retirer la couche de matière grasse en surface, avant utilisation du bouillon. Solidifiée après refroidissement, elle sera plus facile à retirer.

Conservation du bouillon

• Ne pas laisser refroidir un bouillon dans une cocotte. Le bouillon doit être refroidi rapidement et placé au réfrigérateur sans attendre.
• Décanter le bouillon dans de petits récipients, afin d'accélérer son refroidissement.
• Verser le bouillon froid dans des boîtes en plastique à fermeture hermétique, pou une conservation de 4 à 5 jours au réfrigérateur, ou de 4 à 6 mois au congélateur.

MATÉRIEL INDISPENSABLE

Faitout

Étroit et de grande contenance, il limite l'évaporation du liquide et maintient les ingrédients immergés. Opter pour un modèle de 10 litres – également utilisable pour la cuisson des pâtes.

Écumoire

Cette large cuillère perforée facilite le retrait de l'écume qui se forme en surface durant la cuisson du bouillon.

Passoire

Pour passer et retenir petits os et légumes. Privilégier un modèle à poignées solides, capable de prendre appui sur une casserole ou un bol mélangeur.

Mousseline

Utilisée lors d'un second filtrage, afin de retenir graisse et particules. Tapisser d'une double épaisseur de mousseline le fond d'une passoire, installée au-dessus d'un bol mélangeur. Verser le bouillon préalablement passé.

Bouillon brun
Pour environ 2 litres

900 g d'os charnus, crus ou cuits
1 gros oignon
1 grosse carotte
2 branches de céleri
1 bouquet garni*
1,7 l d'eau

1 Préchauffer le four à 200 °C (th. 6-7). Déposer les os sur la lèchefrite du four. Glisser dans le four préchauffé et cuire 20 minutes, le temps que les os brunissent. Retirer du four et laisser refroidir.
2 Détailler l'oignon, la carotte et le céleri en gros morceaux. Réserver.
3 Broyer les os en petits morceaux. Transférer dans une grande casserole, avec les légumes et le bouquet garni. Ajouter l'eau et porter doucement à ébullition. Retirer l'écume qui se forme en surface. Réduire le feu, couvrir et laisser mijoter 2 heures.
4 Filtrer le bouillon dans un bol mélangeur. Laisser refroidir. Couvrir et placer au réfrigérateur. Sortir le bouillon froid du réfrigérateur et retirer la pellicule de graisse en surface.

* Confectionner un bouquet garni frais en déposant au centre d'un carré de mousseline quelques feuilles de céleri, 1 à 2 morceaux de tige de céleri, 2 à 3 clous de girofle, 1 feuille de laurier, quelques grains de poivre noir, 2 à 3 brins de persil et brin de thym frais. Attacher et nouer la mousseline à l'aide d'une longue ficelle de cuisine, fixée à la casserole, de façon à pouvoir retirer plus facilement le bouquet garni.

Bouillon de poulet
Pour environ 2,5 l

1 poulet, d'environ 1 kg
3 carottes
5 échalotes
1 oignon
1 poireau
2 branches de céleri
1 gousse d'ail
4 litres d'eau
1 brin de romarin frais
1 brin de thym frais
2 feuilles de laurier
1 cuil. à café de grains de poivre noir
5 clous de girofle
3 brins de persil

1 Découper le poulet en gros morceaux. Détailler les carottes, les échalotes, l'oignon, le poireau et le céleri en gros morceaux. Partager la gousse d'ail en deux.
2 Verser l'eau dans une grande casserole. Ajouter le poulet. Porter doucement à ébullition, en retirant l'écume formée en surface, au fur et à mesure. Ajouter les légumes, l'ail, le romarin, le thym, les feuilles de laurier, les grains de poivre et les clous de girofle. Laisser mijoter, 45 minutes environ, en retirant l'écume formée en surface, au fur et à mesure.
3 Juste avant que le bouillon soit cuit, ajouter le persil. Retirer du feu.
4 Retirer et réserver les morceaux de poulet. Filtrer le bouillon dans un bol mélangeur. Laisser refroidir. Couvrir et placer au réfrigérateur. Sortir le bouillon froid du réfrigérateur et retirer la pellicule de graisse en surface.

Bouillon de légumes
Pour environ 2,2 l

½ bulbe de fenouil
1 poireau
3 carottes
2 branches de céleri
2 oignons
1 tomate
1 gousse d'ail
2,5 l d'eau
1 brin de romarin frais
1 feuille de laurier
1 cuil. à café de grains de poivre blanc
½ cuil. à café de graines de fenouil

1 Éliminer les parties abîmées du bulbe de fenouil. Détailler le bulbe en gros dés.
2 Détailler le poireau, les carottes, le céleri et les oignons en gros dés. Partager la tomate et la gousse d'ail en deux.
3 Verser l'eau dans une grande casserole. Ajouter les légumes, l'ail, le romarin, la feuille de laurier, les grains de poivre et les graines de fenouil. Porter doucement à ébullition. Laisser mijoter 20 minutes environ.
4 Filtrer le bouillon dans un bol mélangeur. Laisser refroidir. Couvrir et placer au réfrigérateur.

Fumet de poisson
Pour environ 2,5 l

1 kg de têtes, d'arêtes et de parures de poissons blanc, rincées à l'eau
1 oignon
3 échalotes
½ bulbe de fenouil
3 branches de céleri
1 gousse d'ail
3 cuil. à soupe d'huile végétale
10 grains de poivre blanc
½ cuil. à café de graines de fenouil
20 g de sel de mer
2 feuilles de laurier
250 ml de vin blanc
50 ml de vermouth sec
1,5 l d'eau
2 rondelles de citron
1 brin de basilic frais
1 brin de thym frais

1 Couper et jeter les ouïes des têtes de poissons. Laisser tremper les têtes, les arêtes et les parures dans l'eau, 30 minutes.
2 Détailler l'oignon, les échalotes, le fenouil et le céleri en dés. Partager la gousse d'ail en deux.
3 Faire chauffer l'huile dans une grande casserole. Ajouter les légumes et laisser cuire 5 minutes. Ajouter l'ail, les grains de poivre, les graines de fenouil, le sel et les feuilles de laurier.
4 Égoutter le poisson. Ajouter le poisson dans la casserole. Faire suer brièvement. Ajouter le vin, le vermouth et l'eau. Porter à frémissement à feu doux, en retirant l'écume formée en surface.
5 Laisser mijoter, 15 minutes, en écumant la surface. Ajouter le citron, le basilic et le thym. Laisser mijoter 5 minutes.
6 Filtrer le bouillon dans un bol mélangeur. Laisser refroidir. Couvrir et placer au réfrigérateur.

Chapitre 1
Soupes aux légumes d'été

Velouté de tomates
au basilic

Pour 6 personnes

Ingrédients

- 25 g de beurre
- 1 cuil. à soupe d'huile d'olive
- 1 oignon, finement haché
- 1 gousse d'ail, hachée
- 900 g de tomates olivettes, hachées
- 700 ml de bouillon de légumes
- 125 ml de vin blanc sec
- 2 cuil. à soupe de pesto de tomates séchées
- 2 cuil. à soupe de feuilles de basilic frais ciselées, quelques feuilles entières pour la garniture
- 150 ml de crème fraîche épaisse
- sel et poivre

1 Faire fondre le beurre avec l'huile dans une grande sauteuse. Ajouter l'oignon et cuire 5 minutes, en remuant de temps en temps, jusqu'à ce qu'il soit tendre. Ajouter l'ail, les tomates, le bouillon, le vin et le pesto de tomates séchées, bien mélanger, saler et poivrer. Couvrir partiellement et laisser mijoter 20 à 25 minutes, en remuant de temps en temps, jusqu'à ce que la préparation soit homogène et onctueuse.

2 Retirer la casserole du feu et laisser tiédir. Transférer dans un robot de cuisine ou un blender, éventuellement en plusieurs fois, ajouter le basilic ciselé et mixer. Passer la préparation au chinois et la remettre dans la casserole rincée.

3 Incorporer la crème fraîche dans la soupe et réchauffer à feu doux sans laisser bouillir. Répartir la soupe dans des bols chauds, garnir de feuilles de basilic et servir immédiatement.

Minestrone

Pour 6 personnes

Ingrédients

- 2 cuil. à soupe d'huile d'olive
- 1 gros oignon, haché
- 2 gousses d'ail, finement hachées
- 2 branches de céleri, hachées
- ½ petit chou blanc, cœur retiré et ciselé
- 150 ml de vin rouge
- 1,7 l de bouillon de légumes
- 55 g de haricots blancs secs, trempés toute une nuit et égouttés
- 4 tomates olivettes, pelées, épépinées et hachées
- 2 cuil. à soupe de concentré de tomates
- 2 cuil. à café de sucre
- 2 carottes, coupées en dés
- 55 g de petits pois frais écossés
- 55 g de haricots verts, coupés en petits tronçons
- 55 g de pâtes à soupe
- 2 cuil. à soupe de fines herbes fraîches hachées
- sel et poivre
- parmesan fraîchement râpé, en garniture

1 Faire chauffer l'huile dans une grande casserole. Ajouter l'oignon, l'ail et le céleri, et cuire 5 à 7 minutes à feu doux, en remuant de temps en temps, jusqu'à ce que l'oignon soit tendre. Incorporer le chou et cuire encore 5 minutes, en remuant fréquemment.

2 Augmenter le feu, ajouter le vin et cuire environ 2 minutes, jusqu'à ce que l'alcool soit évaporé, puis ajouter le bouillon. Ajouter les haricots et porter à ébullition, puis baisser le feu, couvrir et laisser mijoter 2½ heures.

3 Ajouter les tomates, le concentré de tomates, le sucre, les carottes, les petits pois, les haricots verts, les pâtes et les herbes. Saler et poivrer. Laisser mijoter 20 à 25 minutes, jusqu'à ce que les pâtes soient cuites et les légumes tendres.

4 Répartir la soupe dans des bols chauds et servir immédiatement avec du parmesan.

Soupe à la carotte
et à la coriandre

Pour 6 personnes

Ingrédients

- 3 cuil. à soupe d'huile d'olive
- 1 oignon rouge, haché
- 1 grosse pomme de terre, hachée
- 1 branche de céleri, hachée
- 500 g de carottes, hachées
- 1 litre de bouillon de légumes
- 15 g de beurre
- 2 cuil. à café de graines de coriandre, écrasées, un peu plus en garniture
- 1½ cuil. à soupe de coriandre fraîche hachée, un peu plus en garniture
- 225 ml de lait
- sel et poivre

1 Faire chauffer l'huile dans une grande casserole. Ajouter l'oignon et cuire 5 minutes à feu doux, en remuant de temps en temps, jusqu'à ce qu'il soit tendre.

2 Ajouter la pomme de terre et le céleri, et cuire 5 minutes, en remuant de temps en temps, puis ajouter les carottes et cuire encore 5 minutes, en remuant de temps en temps. Couvrir la casserole et cuire 10 minutes à feu très doux, en remuant la casserole de temps en temps.

3 Ajouter le bouillon et porter à ébullition, puis couvrir et laisser mijoter 10 minutes, jusqu'à ce que les légumes soient tendres.

4 Entre-temps, faire fondre le beurre dans une poêle. Ajouter les graines de coriandre et cuire 1 minute, sans cesser de remuer. Ajouter la coriandre hachée et cuire encore 1 minute, sans cesser de remuer, puis retirer du feu et laisser tiédir.

5 Transférer dans un robot de cuisine ou un blender, éventuellement en plusieurs fois, et mixer. Remettre la soupe dans la casserole rincée. Incorporer la préparation précédente et le lait. Saler et poivrer. Réchauffer à feu doux jusqu'à ce que la soupe soit bien chaude. Répartir dans des bols chauds, garnir de graines de coriandre pilées et de coriandre hachée, et servir immédiatement.

Soupe aux légumes rôtis

Pour 6 personnes

Ingrédients
- 2 aubergines
- 4 tomates
- 2 poivrons rouges
- 2 oignons, non pelés
- 2 gousses d'ail, non pelées
- 4 cuil. à soupe d'huile d'olive
- 1 brin d'origan frais
- 1,5 l de bouillon de poulet
  ou de légumes
- sel et poivre
- basilic frais haché, en garniture

1 Préchauffer le four à 180 °C (th. 6). Piquer les aubergines à la fourchette et placer dans un plat à four. Ajouter les tomates, les poivrons et les oignons non pelés, et l'ail. Arroser de 2 cuillerées à soupe d'huile. Faire cuire 30 minutes au four, puis retirer les tomates. Cuire les aubergines, les poivrons, les oignons et l'ail encore 30 minutes, jusqu'à ce qu'ils soient très tendres et que la peau des poivrons soit grillée.

2 Mettre les légumes rôtis dans une terrine, couvrir avec un torchon et laisser refroidir 3 à 4 heures ou même toute une nuit. Lorsque les légumes sont froids, couper les aubergines en deux, prélever la chair et la mettre dans la terrine. Peler les tomates, les couper en deux et les épépiner. Mettre la pulpe dans la terrine. Peler les poivrons au-dessus de la terrine de façon à recueillir le jus. Couper la tige, retirer le cœur et les pépins, et ajouter la chair dans la terrine. Sortir les gousses d'ail de leur peau et les mettre dans la terrine.

3 Faire chauffer le reste d'huile dans une grande casserole. Ajouter les légumes avec leur jus, les feuilles du brin d'origan, saler et poivrer à volonté, puis cuire environ 30 minutes à feu doux, en remuant fréquemment. Ajouter le bouillon et porter à ébullition, puis laisser mijoter 30 minutes.

4 Retirer la casserole du feu et laisser tiédir. Transférer dans un robot de cuisine ou un blender, éventuellement en plusieurs fois, et mixer. Remettre la soupe dans la casserole rincée et réchauffer à feu doux. Répartir dans des bols chauds, garnir de basilic et servir immédiatement.

Soupe de courgettes
au curry

Pour 4 personnes

Ingrédients
- 10 g de beurre
- 1 gros oignon, finement haché
- 900 g de courgettes, émincées
- 450 ml de bouillon de légumes
- 1 cuil. à café de curry en poudre
- 125 ml de crème fraîche, un peu plus en accompagnement
- sel et poivre

1 Faire fondre le beurre à feu moyen dans une grande casserole. Ajouter l'oignon et cuire environ 3 minutes, jusqu'à ce qu'il commence à être tendre.

2 Ajouter les courgettes, le bouillon et la poudre de curry, puis saler à volonté. Porter la soupe à ébullition, puis réduire le feu, couvrir et cuire environ 25 minutes à feu doux, jusqu'à ce que les légumes soient tendres.

3 Retirer la casserole du feu et laisser tiédir. Transférer dans un robot de cuisine ou un blender, éventuellement en plusieurs fois, et mixer.

4 Remettre la soupe dans la casserole rincée, incorporer la crème fraîche et réchauffer à feu doux sans laisser bouillir.

5 Goûter et rectifier l'assaisonnement si nécessaire. Répartir dans des bols chauds, les garnir d'une cuillerée de crème fraîche et servir immédiatement.

Soupe de cresson

Pour 4 personnes

Ingrédients

- 2 bottes de cresson de 200 g
- 40 g de beurre
- 2 oignons, hachés
- 225 g de pommes de terre, pelées et grossièrement hachées
- 1,2 l de bouillon de légumes ou d'eau
- noix muscade râpée (facultatif)
- sel et poivre
- 125 ml de crème fraîche, en accompagnement

1 Effeuiller le cresson et réserver. Hacher grossièrement les tiges.

2 Faire fondre le beurre à feu moyen dans une grande casserole, ajouter les oignons et cuire 4 à 5 minutes, jusqu'à ce qu'ils soient tendres. Ne pas laisser brunir.

3 Ajouter les pommes de terre et bien mélanger avec les oignons. Ajouter les tiges de cresson hachées et le bouillon.

4 Porter à ébullition, puis baisser le feu, couvrir et laisser mijoter 15 à 20 minutes, jusqu'à ce que les pommes de terre soient tendres.

5 Ajouter les feuilles de cresson et incorporer délicatement. Retirer la casserole du feu et laisser tiédir. Transférer dans un robot de cuisine ou un blender, éventuellement en plusieurs fois, et mixer. Remettre la soupe dans la casserole rincée et réchauffer à feu doux. Saler et poivrer à volonté et saupoudrer éventuellement de noix muscade.

6 Répartir dans des bols chauds et garnir d'une cuillerée de crème fraîche et de noix muscade râpée, éventuellement. Servir immédiatement.

Soupe de laitue
et de roquette

Pour 4 à 6 personnes

Ingrédients

- 15 g de beurre
- 1 gros oignon, coupé en deux et émincé
- 2 poireaux, émincés
- 1,5 l de bouillon de légumes
- 85 g de riz
- 2 carottes, finement émincées
- 3 gousses d'ail
- 1 feuille de laurier
- 2 cœurs de laitue (environ 450 g), parés et hachés
- 175 ml de crème fraîche épaisse
- noix muscade fraîchement râpée
- 85 g de feuilles de roquette, finement hachées, quelques feuilles en garniture
- sel et poivre
- pain, en accompagnement

1 Faire fondre le beurre à feu moyen dans une grande casserole et ajouter l'oignon et les poireaux. Couvrir et cuire 3 à 4 minutes, en remuant fréquemment, jusqu'à ce que les légumes commencent à être tendres.

2 Ajouter le bouillon, le riz, les carottes, l'ail et la feuille de laurier avec une grosse pincée de sel. Porter à ébullition, puis réduire le feu, couvrir et laisser mijoter 25 à 30 minutes, jusqu'à ce que le riz et les légumes soient tendres. Retirer la feuille de laurier.

3 Ajouter la laitue dans la casserole et cuire 10 minutes, en remuant de temps en temps, jusqu'à ce que les feuilles soient tendres.

4 Retirer la casserole du feu et laisser tiédir. Transférer dans un robot de cuisine ou un blender, éventuellement en plusieurs fois, et mixer.

5 Remettre la soupe dans la casserole rincée et réchauffer à feu doux. Incorporer la crème fraîche, en en réservant un peu pour la garniture, et de la noix muscade à volonté. Laisser mijoter 5 minutes, en remuant de temps en temps, jusqu'à ce que la soupe soit bien chaude.

6 Ajouter les feuilles de roquette et laisser mijoter 2 à 3 minutes, en remuant de temps en temps, jusqu'à ce qu'elles soient juste tombées. Goûter et rectifier l'assaisonnement si nécessaire et répartir la soupe dans des bols chauds. Garnir d'une volute de crème fraîche et de quelques feuilles de roquette. Servir immédiatement avec des tranches de pain.

Velouté d'asperges

Pour 6 personnes

Ingrédients

- 1 botte d'asperges vertes, environ 350 g
- 700 ml de bouillon de légumes
- 55 g de beurre ou margarine
- 1 oignon, haché
- 3 cuil. à soupe de farine
- ¼ cuil. à café de coriandre en poudre
- 1 cuil. à soupe de jus de citron
- 450 ml de lait
- 4 à 6 cuil. à soupe de crème fraîche épaisse
- sel et poivre

1 Laver et parer les asperges, en jetant la partie dure de la tige. Couper le reste en petits tronçons, en réservant quelques pointes pour la garniture. Les asperges fines n'ont pas besoin d'être épluchées.

2 Faire cuire les pointes d'asperges 5 à 10 minutes dans le moins possible d'eau bouillante salée. Égoutter et réserver.

3 Mettre les tiges d'asperges dans une casserole avec le bouillon, puis porter à ébullition. Couvrir et laisser mijoter environ 20 minutes, jusqu'à ce qu'elles soient tendres. Égoutter et réserver le bouillon.

4 Faire fondre le beurre dans une casserole. Ajouter l'oignon et cuire à feu doux jusqu'à ce qu'il soit à peine coloré. Incorporer la farine et cuire 1 minute, puis incorporer progressivement le bouillon réservé en mélangeant bien et porter à ébullition.

5 Laisser mijoter 2 à 3 minutes, jusqu'à ce que la préparation ait épaissi, puis incorporer les tiges d'asperges cuites, la coriandre, le jus de citron, puis saler et poivrer à volonté. Laisser mijoter 10 minutes. Retirer la casserole du feu et laisser tiédir. Transférer dans un robot de cuisine ou un blender, éventuellement en plusieurs fois, et mixer.

6 Remettre la soupe dans la casserole rincée, ajouter le lait et les pointes d'asperges réservées, et porter à ébullition. Laisser mijoter 2 minutes. Incorporer la crème fraîche et réchauffer à feu doux. Répartir dans des bols chauds et servir immédiatement.

Soupe de légumes
mexicaine

Pour 4 à 6 personnes

Ingrédients

- 2 cuil. à soupe d'huile végétale ou d'huile d'olive
- 1 oignon, finement haché
- 4 gousses d'ail, finement hachées
- ¼ à ½ cuil. à café de cumin en poudre
- 2 à 3 cuil. à café de piment doux en poudre
- 1 carotte, émincée
- 1 pomme de terre farineuse, coupée en dés
- 350 g de tomates fraîches ou en boîte, coupées en dés
- 1 courgette, coupée en dés
- ¼ de petit chou blanc, paré et ciselé
- environ 1 litre de bouillon de légumes ou de poulet, ou d'eau
- 1 épi de maïs frais
- environ 10 haricots verts, coupés en petits tronçons
- sel et poivre
- coriandre fraîche hachée et piment vert frais émincé, en garniture
- chips de tortilla, en accompagnement

1 Faire chauffer l'huile dans une sauteuse. Ajouter l'oignon et l'ail, et cuire quelques minutes, jusqu'à ce qu'ils soient tendres, puis incorporer le cumin et la poudre de piment. Incorporer la carotte, la pomme de terre, les tomates, la courgette et le chou, et cuire 2 minutes, en remuant de temps en temps.

2 Ajouter le bouillon. Couvrir et cuire 20 minutes à feu moyen, jusqu'à ce que les légumes soient tendres.

3 Entre-temps, décortiquer l'épi de maïs, puis prélever les grains à l'aide d'un couteau tranchant. Ajouter éventuellement un peu de bouillon supplémentaire, puis incorporer les grains de maïs et les haricots, et cuire encore 5 à 10 minutes, jusqu'à ce que les haricots soient tendres. Saler et poivrer.

4 Répartir la soupe dans des bols chauds et garnir de coriandre et de piment. Servir immédiatement avec des tortillas.

Velouté de petits pois

Pour 4 personnes

Ingrédients

- 600 ml de bouillon de légumes
- 450 g de petits pois frais écossés
- pincée de sucre cristallisé
- 125 ml de crème fraîche, un peu plus en accompagnement
- sel et poivre
- pain, en accompagnement

1 Mettre le bouillon dans une grande casserole et porter à ébullition. Ajouter les petits pois et cuire 5 minutes.

2 Retirer la casserole du feu, ajouter le sucre et laisser tiédir. Transférer dans un robot de cuisine ou un blender, éventuellement en plusieurs fois, et mixer.

3 Remettre la soupe dans la casserole rincée, incorporer la crème et réchauffer à feu doux sans laisser bouillir.

4 Goûter et rectifier l'assaisonnement si nécessaire. Répartir dans des bols chauds et garnir de crème fraîche. Servir immédiatement avec des tranches de pain.

Soupe de légumes verts

Pour 6 personnes

Ingrédients

- 3 cuil. à soupe d'huile d'olive
- 2 poireaux, partie blanche seulement, hachés
- 2 cuil. à soupe de farine
- 1,5 l de bouillon de légumes
- 1 cuil. à café de thym sec
- ½ cuil. à café de graines de fenouil
- 1 petit cœur de laitue, grossièrement haché
- 500 g d'épinards, tiges fermes retirées
- 280 g de petits pois frais ou surgelés
- 1 botte de cresson ou de roquette, environ 100 g
- 4 cuil. à soupe de menthe fraîche hachée
- sel et poivre
- 2 cuil. à soupe de persil plat frais haché, en garniture
- pain à l'ail, en accompagnement

1 Faire chauffer l'huile dans une grande casserole. Ajouter les poireaux et cuire 5 minutes à feu doux, en remuant de temps en temps, jusqu'à ce qu'ils soient tendres, puis retirer la casserole du feu.

2 Incorporer soigneusement la farine, puis incorporer progressivement le bouillon. Saler et poivrer, puis ajouter le thym et les graines de fenouil.

3 Remettre la casserole sur le feu et porter à ébullition, sans cesser de remuer. Ajouter la laitue, les épinards, les petits pois, le cresson et la menthe, et porter de nouveau à ébullition. Faire bouillir 3 à 4 minutes, sans cesser de remuer, puis baisser le feu, couvrir et laisser mijoter 30 minutes à feu doux.

4 Retirer la soupe du feu et laisser tiédir. Transférer dans un robot de cuisine ou un blender, éventuellement en plusieurs fois, et mixer. Remettre la soupe dans la casserole rincée et réchauffer à feu doux, en remuant de temps en temps.

5 Répartir la soupe dans des bols chauds, parsemer de persil et servir immédiatement avec le pain à l'ail.

Soupe au pistou

Pour 4 personnes

Ingrédients

- 1 litre d'eau
- 1 bouquet garni
- 2 branches de céleri, hachées
- 3 jeunes poireaux, hachés
- 4 jeunes carottes, hachées
- 150 g de pommes de terre nouvelles, coupées en cubes
- 4 cuil. à soupe de fèves fraîches ou de petits pois écossés
- 175 g de haricots blancs ou de flageolets en boîte, égouttés et rincés
- 3 pak choi
- 150 g de feuilles de roquette
- poivre

Pistou

- 2 grosses poignées de feuilles de basilic frais
- 1 piment vert frais, épépiné
- 2 gousses d'ail
- 4 cuil. à soupe d'huile d'olive
- 1 cuil. à café de parmesan fraîchement râpé

1 Mettre l'eau et le bouquet garni dans une grande casserole et ajouter le céleri, les poireaux, les carottes et les pommes de terre. Porter à ébullition, puis réduire le feu et laisser mijoter 10 minutes.

2 Incorporer les fèves et les haricots blancs et laisser mijoter encore 10 minutes. Incorporer le pak choi et la roquette. Poivrer et laisser mijoter encore 2 à 3 minutes. Retirer le bouquet garni.

3 Entre-temps, pour préparer le pistou, mettre le basilic, le piment, l'ail et l'huile dans un robot de cuisine et mixer jusqu'à obtention d'une pâte épaisse. Incorporer le parmesan.

4 Mettre les trois quarts du pistou dans la soupe, puis répartir dans des bols chauds. Garnir avec le pistou restant et servir immédiatement.

Soupe aux épinards
et au gingembre

Pour 4 personnes

Ingrédients

- 2 cuil. à soupe d'huile
  de tournesol
- 1 oignon, haché
- 2 gousses d'ail, finement hachées
- 2 cuil. à café de gingembre frais
  finement haché
- 250 g de pousses d'épinards
- 1 petit brin de citronnelle,
  finement haché
- 1 litre de bouillon de poulet
  ou de légumes
- 225 g de pommes de terre,
  pelées et hachées
- 1 cuil. à soupe de vin de riz
  ou do xórès sec
- sel et poivre
- 1 cuil. à café d'huile de sésame,
  pour arroser

1 Faire chauffer l'huile de tournesol dans une grande casserole. Ajouter l'oignon, l'ail et le gingembre, et faire suer 3 à 4 minutes à feu doux, jusqu'à ce qu'ils soient tendres mais pas brunis.

2 Réserver huit petites feuilles d'épinards. Ajouter les feuilles restantes et la citronnelle dans la casserole, en mélangeant jusqu'à ce que les épinards soient juste flétris. Ajouter le bouillon et les pommes de terre, et porter à ébullition. Réduire le feu, couvrir et laisser mijoter environ 10 minutes.

3 Retirer la casserole du feu et laisser tiédir. Transférer dans un robot de cuisine ou un blender, éventuellement en plusieurs fois, et mixer.

4 Remettre la soupe dans la casserole rincée, incorporer le vin de riz et réchauffer à feu doux. Goûter et rectifier l'assaisonnement si nécessaire.

5 Répartir dans des bols chauds et arroser d'un filet d'huile de sésame. Garnir avec les feuilles d'épinards réservées et servir immédiatement.

Soupe de maïs

Pour 6 personnes

Ingrédients

- 150 g de lard maigre, coupé en petits morceaux
- 25 g de beurre
- 1 gros oignon, haché
- 1 feuille de laurier
- 5 épis de maïs frais (625 g de grains de maïs)
- 500 ml de lait
- 2 grosses gousses d'ail, finement hachées
- 2 pommes de terre farineuses, coupées en dés
- 500 ml de bouillon de poulet, de préférence fait maison
- pincée de poivre de Cayenne
- 100 ml de crème fraîche épaisse
- sel et poivre
- 3 cuil. à soupe de coriandre fraîche hachée ou de persil plat, en garniture

1 Faire revenir le lard 5 minutes dans une grande sauteuse, jusqu'à ce qu'il commence à être croustillant. Ajouter le beurre et, lorsqu'il mousse, incorporer l'oignon et la feuille de laurier. Couvrir et cuire 7 à 8 minutes à feu moyen, jusqu'à ce que l'oignon soit tendre mais pas doré.

2 Entre-temps, décortiquer l'épi de maïs, puis prélever les grains à l'aide d'un couteau tranchant. Mettre environ les deux tiers des grains dans un blender ou un robot de cuisine avec le lait et mixer au moins 2 minutes, jusqu'à obtention d'un mélange homogène. Passer à travers une passoire fine, jeter les matières solides et réserver le liquide.

3 Ajouter l'ail et les pommes de terre dans la sauteuse et mouiller avec un peu de bouillon. Ajouter le poivre de Cayenne, saler et poivrer à volonté. Couvrir et cuire encore 5 minutes.

4 Ajouter le reste du bouillon et le liquide réservé du maïs dans la sauteuse et porter à ébullition. Réduire le feu et laisser mijoter 5 minutes, partiellement couvert.

5 Ajouter le reste des grains de maïs et cuire encore 5 minutes. Incorporer la crème et rectifier l'assaisonnement, en ajoutant du sel et du poivre si nécessaire. Répartir dans des bols chauds, garnir avec de la coriandre et servir immédiatement.

Gaspacho

Pour 4 personnes

Ingrédients

- 250 g de tranches de pain, croûte retirée
- 700 g de tomates, pelées et hachées
- 3 gousses d'ail, grossièrement hachées
- 2 poivrons rouges, épépinés et grossièrement hachés
- 1 concombre, pelé, épépiné et haché
- 5 cuil. à soupe d'huile d'olive vierge extra
- 5 cuil. à soupe de vinaigre de vin rouge
- 1 cuil. à soupe de concentré de tomates
- environ 850 ml d'eau
- sel et poivre
- 4 glaçons, pour servir

1 Couper les tranches de pain en morceaux et mettre dans un blender ou un robot de cuisine. Mixer brièvement pour obtenir une chapelure et transférer dans une grande terrine. Ajouter les tomates, l'ail, les poivrons, le concombre, l'huile, le vinaigre et le concentré de tomates. Bien mélanger.

2 En plusieurs fois, mettre la préparation précédente avec la même quantité d'eau dans le robot de cuisine ou le blender et mixer. Transférer dans une autre terrine. Lorsque toute la préparation a été mixée avec l'eau, bien mélanger et saler et poivrer. Couvrir de film alimentaire et réfrigérer au moins 2 heures, mais pas plus de 12 heures.

3 Au moment de servir, répartir la soupe dans des bols rafraîchis et ajouter un glaçon. Servir immédiatement.

Soupe de fèves froide

Pour 6 personnes

Ingrédients

- 850 ml de bouillon de légumes
- 650 g de jeunes fèves fraîches écossées
- 3 cuil. à soupe de jus de citron
- 2 cuil. à soupe de sarriette fraîche hachée
- sel et poivre
- 6 cuil. à soupe de yaourt à la grecque, en accompagnement
- menthe fraîche hachée, en garniture

1 Mettre le bouillon dans une casserole et porter à ébullition. Réduire le feu de sorte que le bouillon frémisse, ajouter les fèves et cuire environ 7 minutes, jusqu'à ce qu'elles soient tendres.

2 Retirer la casserole du feu et laisser tiédir. Verser dans un robot de cuisine ou un blender, éventuellement en plusieurs fois, et mixer. Passer la préparation à travers une passoire et mettre le liquide dans une terrine.

3 Incorporer le jus de citron et la sarriette. Saler et poivrer. Laisser refroidir complètement, puis couvrir de film alimentaire et réfrigérer au moins 3 heures.

4 Au moment de servir, goûter et rectifier l'assaisonnement, en ajoutant du sel et du poivre si nécessaire. Répartir dans des bols rafraîchis, garnir avec une cuillerée à soupe de yaourt et parsemer de menthe. Servir immédiatement.

Soupe d'avocat froide

Pour 4 personnes

Ingrédients

- 1 cuil. à soupe de jus de citron
- 2 avocats
- 1 cuil. à soupe de ciboulette fraîche ciselée, un peu plus en garniture
- 1 cuil. à soupe de persil plat frais haché
- 425 ml de bouillon de poulet froid
- 300 ml de crème fraîche, un peu plus en accompagnement
- trait de sauce Worcestershire
- sel et poivre

1 Mettre le jus de citron dans un blender ou un robot de cuisine. Couper les avocats en deux et les dénoyauter. Prélever la chair et la hacher grossièrement.

2 Mettre la chair d'avocat, le persil, le bouillon, la crème fraîche et la sauce Worcestershire dans le blender et réduire en purée.

3 Transférer dans une terrine, et saler et poivrer. Couvrir de film alimentaire et réfrigérer au moins 30 minutes.

4 Au moment de servir, remuer la soupe et répartir dans des bols rafraîchis. Garnir de crème fraîche et de ciboulette, et servir immédiatement.

Chapitre 2
Soupes aux légumes d'hiver

Soupe aux poireaux
et pommes de terre

Pour 4 à 6 personnes

Ingrédients

- 55 g de beurre
- 1 oignon, haché
- 3 poireaux, émincés
- 225 g de pommes de terre, pelées et coupées en cubes de 2 cm
- 850 ml de bouillon de légumes
- sel et poivre
- 150 ml de crème fraîche, en accompagnement
- 2 cuil. à soupe de ciboulette fraîche hachée, en garniture

1 Faire fondre le beurre à feu moyen dans une grande casserole, ajouter les légumes préparés et faire revenir 2 à 3 minutes, jusqu'à ce qu'ils soient tendres mais pas brunis. Ajouter le bouillon et porter à ébullition, puis réduire le feu et laisser mijoter 15 minutes, à couvert.

2 Retirer la soupe du feu et laisser tiédir. Transférer dans un robot de cuisine ou un blender, en plusieurs fois si nécessaire, et mixer. Remettre la soupe dans la casserole rincée et réchauffer à feu doux.

3 Goûter et rectifier l'assaisonnement si nécessaire. Répartir dans des bols chauds et garnir de crème fraîche. Garnir de ciboulette et servir immédiatement.

Soupe à l'oignon

Pour 6 personnes

Ingrédients

- 1 cuil. à soupe d'huile d'olive
- 25 g de beurre
- 4 ou 5 gros oignons, environ 650 g, finement émincés
- 3 gousses d'ail, finement hachées
- 1 cuil. à café de sucre
- 1 cuil. à café de sel
- 2 cuil. à soupe de farine
- 150 ml de vermouth blanc sec
- 2 litres de bouillon de légumes
- 3 cuil. à soupe de cognac
- sel et poivre

Croûtes au fromage

- 6 tranches de pain
- 1 gousse d'ail, coupée en deux
- 225 g de gruyère, râpé

1 Faire chauffer l'huile avec le beurre dans une grande casserole. Ajouter les oignons et bien mélanger, puis couvrir et faire suer 15 minutes à feu très doux, en remuant de temps en temps. Découvrir la poêle et augmenter le feu. Incorporer l'ail haché, le sucre et le sel, et cuire 30 à 40 minutes, en remuant fréquemment, jusqu'à ce que les oignons soient bien dorés.

2 Saupoudrer les oignons de farine et cuire 3 minutes, sans cesser de remuer. Incorporer le vermouth et cuire 2 minutes, sans cesser de remuer, jusqu'à ce que l'alcool soit évaporé, puis incorporer progressivement le bouillon et porter à ébullition. Écumer la surface, puis baisser le feu, couvrir et laisser mijoter 40 minutes.

3 Vers la fin de la cuisson, préparer les croûtes au fromage. Préchauffer le gril et faire griller les tranches de pain des deux côtés. Frotter le pain avec les gousses d'ail coupées en deux, puis garnir de fromage et faire gratiner quelques minutes, jusqu'à ce que le fromage soit fondu.

4 Ajouter le cognac dans la soupe et retirer la casserole du feu. Goûter et rectifier l'assaisonnement si nécessaire. Répartir dans des bols chauds, garnir avec les croûtes au fromage et servir immédiatement.

Soupe de topinambours

Pour 6 personnes

Ingrédients

- 1 cuil. à soupe de jus de citron
- 700 g de topinambours
- 55 g de beurre
- 1 cuil. à soupe d'huile de tournesol
- 1 gros oignon, haché
- 1,3 l de bouillon de légumes
- 175 ml de lait
- 1 cuil. à soupe de ciboulette fraîche hachée
- 100 ml de crème fraîche épaisse
- sel et poivre
- huile d'olive vierge extra, pour arroser
- croûtons, en accompagnement

1 Remplir une terrine d'eau et ajouter le jus de citron. Éplucher les topinambours et les couper en cubes, puis les plonger immédiatement dans l'eau citronnée pour les empêcher de noircir.

2 Faire chauffer le beurre avec l'huile de tournesol dans une grande casserole. Ajouter l'oignon et cuire 5 minutes à feu doux, en remuant de temps en temps, jusqu'à ce qu'il soit tendre. Égoutter les topinambours, les ajouter dans la casserole et bien mélanger. Couvrir et cuire 15 minutes, en remuant de temps en temps.

3 Ajouter le bouillon et le lait, augmenter le feu et porter à ébullition. Réduire le feu, couvrir de nouveau la casserole et laisser mijoter 20 minutes, jusqu'à ce que les topinambours soient tendres.

4 Retirer la casserole du feu et laisser tiédir. Ajouter la ciboulette et transférer la soupe dans un robot de cuisine ou un blender, éventuellement en plusieurs fois, et mixer.

5 Remettre la soupe dans la casserole rincée, Incorporer la crème fraîche, et saler et poivrer. Réchauffer à feu doux, en remuant de temps en temps, mais sans laisser bouillir. Répartir dans des bols chauds, arroser d'huile d'olive et servir immédiatement avec des croûtons.

Soupe de navets
au gingembre et à l'orange

Pour 6 personnes

Ingrédients

- 2 cuil. à café d'huile d'olive
- 1 gros oignon, haché
- 1 gros poireau, émincé
- 2 carottes, finement émincées
- 800 g de navets, émincés
- 4 cuil. à soupe de gingembre frais râpé
- 2 ou 3 gousses d'ail, finement hachées
- zeste râpé d'une demi-orange
- 1,4 l d'eau
- 225 ml de jus d'orange
- sel et poivre
- ciboulette fraîche hachée, en garniture

1 Faire chauffer l'huile à feu moyen dans une grande casserole. Ajouter l'oignon et le poireau, et cuire environ 5 minutes, en remuant de temps en temps, jusqu'à ce qu'ils soient tendres.

2 Ajouter les carottes, les navets, le gingembre, l'ail, le zeste d'orange, l'eau et une bonne pincée de sel. Réduire le feu, couvrir et laisser mijoter environ 40 minutes, en remuant de temps en temps, jusqu'à ce que les légumes soient très tendres.

3 Retirer la soupe du feu et laisser tiédir. Transférer dans un robot de cuisine ou un blender, éventuellement en plusieurs fois, et mixer.

4 Remettre la soupe dans la casserole rincée et incorporer le jus d'orange. Pour une soupe moins épaisse, ajouter un peu d'eau. Goûter et rectifier l'assaisonnement, en ajoutant du sel et du poivre si nécessaire. Laisser mijoter environ 10 minutes pour bien réchauffer.

5 Répartir dans des bols chauds, garnir de ciboulette et servir immédiatement.

Soupe au brocoli
et au bleu

Pour 6 personnes

Ingrédients
- 40 g de beurre
- 2 oignons blancs, hachés
- 1 grosse pomme de terre, pelée
  et hachée
- 750 g de brocolis,
  coupés en petites fleurettes
- 1,5 l de bouillon de légumes
- 150 g de fromage à pâte persillée
  (type bleu), coupé en dés
- pincée de macis en poudre
- sel et poivre
- croûtons, en accompagnement

1 Faire fondre le beurre dans une grande casserole. Ajouter les oignons et la pomme de terre, et bien mélanger. Couvrir et cuire 7 minutes à feu doux. Ajouter le brocoli et bien mélanger, puis couvrir de nouveau la casserole et cuire encore 5 minutes.

2 Augmenter le feu, ajouter le bouillon et porter à ébullition. Réduire le feu et saler et poivrer, puis couvrir de nouveau et laisser mijoter 15 à 20 minutes, jusqu'à ce que les légumes soient tendres.

3 Retirer la casserole du feu, égoutter dans une terrine en réservant les légumes et laisser tiédir. Mettre les légumes dans un robot de cuisine ou un blender, ajouter une louche de liquide de cuisson et mixer. Tout en mixant, ajouter progressivement le reste du liquide.

4 Remettre la soupe dans la casserole rincée et réchauffer à feu doux sans laisser bouillir. Retirer du feu, ajouter le fromage et incorporer jusqu'à ce que le fromage soit fondu et que la préparation soit homogène. Incorporer le macis, goûter et rectifier l'assaisonnement si nécessaire

5 Répartir dans des bols chauds, parsemer de croûtons et servir immédiatement.

Soupe de légumes d'hiver

Pour 6 personnes

Ingrédients

- 2 cuil. à soupe d'huile végétale
- 1 gros oignon, grossièrement émincé
- 1 grosse pomme de terre, pelée et coupée en cubes
- 3 branches de céleri, grossièrement émincées
- 4 carottes, émincées
- 175 g de rutabagas, coupés en cubes
- 4 grosses gousses d'ail, pelées mais entières
- 1,5 l de bouillon de poulet ou de légumes
- 225 g de tomates concassées en boîte
- 1 poireau, coupé en deux dans la longueur et émincé
- sel et poivre
- 2 cuil. à soupe persil plat frais haché, en garniture
- gruyère râpé, en accompagnement

1 Faire chauffer l'huile dans une grande sauteuse à feu moyen. Ajouter l'oignon, la pomme de terre, le céleri, les carottes, les rutabagas et les gousses d'ail. Saler et poivrer, puis couvrir et cuire 10 minutes à feu moyen, en remuant de temps en temps.

2 Ajouter le bouillon et les tomates, et porter à ébullition. Réduire le feu et laisser mijoter 30 minutes, partiellement couvert. Ajouter le poireau et cuire encore 5 minutes, jusqu'à ce qu'il soit juste tendre.

3 Goûter et rectifier l'assaisonnement si nécessaire. Répartir dans des bols chauds, garnir de persil et servir immédiatement avec du gruyère râpé.

Soupe aux patates douces
et aux pommes

Pour 6 personnes

Ingrédients

- 15 g de beurre
- 3 poireaux, finement émincés
- 1 grosse carotte, finement émincée
- 600 g de patates douces, pelées et coupées en dés
- 2 grosses pommes, pelées et coupées en dés
- 1,2 l d'eau
- noix muscade fraîchement râpée
- 225 ml de jus de pomme
- 225 ml de crème fraîche
- sel et poivre
- coriandre fraîche hachée, en garniture

1 Faire fondre le beurre dans une grande casserole à feu doux à moyen. Ajouter les poireaux, couvrir et cuire 6 à 8 minutes, en remuant fréquemment, jusqu'à ce qu'ils soient tendres.

2 Ajouter les carottes, les patates douces, les pommes et l'eau. Assaisonner légèrement avec du sel, du poivre et de la noix muscade. Porter à ébullition, puis baisser le feu, couvrir et laisser mijoter environ 20 minutes, en remuant de temps en temps, jusqu'à ce que les légumes soient très tendres.

3 Retirer la soupe du feu et laisser tiédir. Transférer dans un robot de cuisine ou un blender, éventuellement en plusieurs fois, et mixer.

4 Remettre la soupe dans la casserole rincée et incorporer le jus de pomme. Mettre à feu doux et laisser mijoter environ 10 minutes, pour bien réchauffer.

5 Incorporer la crème fraîche et laisser mijoter environ 5 minutes, en remuant fréquemment pour bien réchauffer. Goûter et rectifier l'assaisonnement, en ajoutant du sel, du poivre et de la noix muscade si nécessaire.

6 Répartir la soupe dans des bols chauds, garnir de coriandre et servir immédiatement.

Soupe au chou-fleur

Pour 6 personnes

Ingrédients

- 1 cuil. à soupe d'huile d'olive
- 25 g de beurre
- 1 gros oignon, grossièrement haché
- 2 poireaux, émincés
- 1 gros chou-fleur
- 900 ml de bouillon de légumes
- sel et poivre
- huile d'olive vierge extra, pour arroser
- gruyère finement râpé, en accompagnement

1 Faire chauffer l'huile d'olive et le beurre dans une grande casserole et cuire l'oignon et les poireaux 10 minutes, en remuant fréquemment et en veillant à ce qu'ils ne dorent pas.

2 Détailler le chou-fleur en fleurettes et couper les tiges en petits morceaux. Ajouter le chou-fleur dans la casserole et faire revenir 2 à 3 minutes avec les autres légumes.

3 Ajouter le bouillon et porter à ébullition, puis couvrir et laisser mijoter 20 minutes à feu moyen.

4 Retirer la soupe du feu et laisser tiédir. Transférer dans un robot de cuisine ou un blender, éventuellement en plusieurs fois, et mixer. Remettre la soupe dans la casserole rincée et réchauffer à feu doux.

5 Goûter et rectifier l'assaisonnement si nécessaire. Répartir dans des bols chauds, arroser d'un peu d'huile d'olive vierge extra et parsemer de fromage râpé. Servir immédiatement.

Velouté de champignons
à l'estragon

Pour 4 à 6 personnes

Ingrédients
- 50 g de beurre
- 1 oignon, haché
- 700 g de champignons de Paris, grossièrement hachés
- 850 ml de bouillon de légumes
- 3 cuil. à soupe d'estragon frais haché, un peu plus en garniture
- 150 ml de crème fraîche
- sel et poivre

1 Faire fondre la moitié du beurre dans une grande casserole. Ajouter l'oignon et cuire 10 minutes à feu doux, jusqu'à ce qu'il soit tendre. Ajouter le reste du beurre et les champignons, et cuire 5 minutes, jusqu'à ce que les champignons soient dorés.

2 Incorporer le bouillon et l'estragon. Porter à ébullition, puis réduire le feu et laisser mijoter 20 minutes à feu doux.

3 Retirer la soupe du feu et laisser tiédir. Transférer dans un robot de cuisine ou un blender, éventuellement en plusieurs fois, et mixer.

4 Remettre la soupe dans la casserole rincée et incorporer la crème fraîche. Saler et poivrer. Réchauffer à feu doux jusqu'à ce que la soupe soit bien chaude. Répartir dans des bols chauds et garnir d'estragon. Servir immédiatement.

Soupe au potiron
et à l'ail rôtis

Pour 6 personnes

Ingrédients
- 2 têtes d'ail entières
- 4 cuil. à soupe d'huile d'olive, un peu plus pour arroser
- 900 g de potiron ou de courge butternut
- 2 cuil. à soupe de feuilles de thym frais, un peu plus en garniture
- 25 g de beurre
- 1 gros oignon, finement haché
- 1 cuil. à soupe de farine
- 1,2 l de bouillon de poulet
- 100 g de crème fraîche
- sel et poivre

1 Préchauffer le four à 190 °C (th. 6-7). Disposer chaque tête d'ail sur un morceau de papier d'aluminium. Arroser chaque tête d'ail avec ½ cuillerée à soupe d'huile, puis saler et poivrer. Refermer le papier d'aluminium sur les têtes d'ail, et les disposer dans un grand plat à rôti. Éplucher et épépiner le potiron, puis couper la chair en gros morceaux. Passer les morceaux de potiron dans le reste d'huile, puis saler et poivrer, et parsemer avec la moitié des feuilles de thym. Disposer le potiron dans le plat à rôti en une seule couche et cuire 1 heure au four préchauffé.

2 Faire fondre le beurre dans une grande sauteuse. Ajouter l'oignon et cuire 5 minutes à feu moyen, en remuant de temps en temps, jusqu'à ce qu'il soit tendre. Incorporer la farine et cuire 2 minutes. Ajouter progressivement le bouillon, en commençant par quelques cuillerées, puis en ajoutant le reste.

3 Lorsque le potiron a doré, retirer le plat du four. Ajouter le potiron à l'oignon dans la sauteuse et laisser mijoter 10 minutes.

4 Ouvrir les papillotes d'ail et laisser refroidir. Lorsqu'elles sont suffisamment froides pour être saisies, prélever les gousses et les placer sur une planche à découper. Presser les gousses pour faire sortir la pulpe.

5 Retirer la soupe du feu et laisser tiédir. Incorporer la pulpe d'ail et le reste des feuilles de thym, puis transférer dans un robot de cuisine ou un blender, éventuellement en plusieurs fois, et mixer. Remettre la soupe dans la casserole rincée et réchauffer à feu doux.

6 Répartir dans des bols chauds et garnir d'une cuillerée de crème fraîche. Arroser d'un peu d'huile, garnir avec quelques brins de thym et servir immédiatement.

Soupe au céleri et au bleu

Pour 4 personnes

Ingrédients
- 25 g de beurre
- 1 oignon, finement haché
- 4 grosses branches de céleri, finement hachées
- 1 grosse carotte, finement hachée
- 1 litre de bouillon de poulet ou de légumes
- 3 ou 4 brins de thym frais
- 1 feuille de laurier
- 125 ml de crème fraîche épaisse
- 150 g de fromage à pâte persillée (roquefort ou bleu), émietté
- noix muscade fraîchement râpée
- sel et poivre
- feuilles de céleri, en garniture

1 Faire fondre le beurre dans une grande casserole à feu doux à moyen. Ajouter l'oignon et cuire 3 à 4 minutes, en remuant fréquemment, jusqu'à ce qu'il soit juste tendre. Ajouter le céleri et la carotte, et cuire encore 3 minutes. Saler et poivrer légèrement.

2 Ajouter le bouillon, le thym et la feuille de laurier, et porter à ébullition. Réduire le feu, couvrir et laisser mijoter environ 25 minutes à feu doux, en remuant de temps en temps, jusqu'à ce que les légumes soient très tendres.

3 Retirer la soupe du feu et laisser tiédir. Retirer le thym et la feuille de laurier. Transférer la soupe dans un robot de cuisine ou un blender, éventuellement en plusieurs fois, et mixer.

4 Remettre la soupe dans la casserole rincée et incorporer la crème fraîche Laisser mijoter 5 minutes à feu doux.

5 Ajouter progressivement le fromage à pâte persillée à la soupe, sans cesser de remuer, jusqu'à ce qu'elle soit homogène. Ne pas laisser bouillir. Goûter et rectifier l'assaisonnement, en ajoutant du sel, du poivre et de la noix muscade si nécessaire.

6 Répartir dans des bols chauds, garnir de feuilles de céleri et servir immédiatement.

Soupe de pommes de terre
au pesto

Pour 4 personnes

Ingrédients

- 2 cuil. à soupe d'huile d'olive
- 3 tranches de lard fumé sans couenne, finement hachées
- 25 g de beurre
- 450 g de pommes de terre farineuses, hachées
- 450 g d'oignons, finement hachés
- 600 ml de bouillon de poulet
- 600 ml de lait
- 100 g de conchigliette
- 150 ml de crème fraîche épaisse
- 2 cuil. à soupe de persil frais haché
- sel et poivre
- parmesan fraîchement râpé, en accompagnement

Pesto

- 55 g de persil frais finement haché
- 2 gousses d'ail, écrasées
- 55 g de pignons, pilés
- 2 cuil. à soupe de feuilles de basilic frais hachées
- 55 g de parmesan fraîchement râpé
- 150 ml d'huile d'olive
- poivre blanc, à volonté

1 Pour préparer le pesto, mettre tous les ingrédients dans un robot de cuisine ou un blender et mixer 2 minutes, ou concasser avec un pilon dans un mortier. Transférer dans un bol et réserver.

2 Faire chauffer l'huile dans une grande casserole et cuire le lard 4 minutes à feu moyen. Ajouter le beurre, les pommes de terre et les oignons, et cuire 12 minutes, sans cesser de remuer.

3 Ajouter le bouillon et le lait dans la casserole, porter à ébullition et laisser mijoter 10 minutes. Ajouter les pâtes et laisser mijoter encore 3 à 4 minutes.

4 Incorporer la crème fraîche et laisser mijoter 5 minutes. Ajouter le persil, du sel et du poivre, et 2 cuillerées à soupe de pesto. Répartir la soupe dans des bols chauds et servir immédiatement avec du parmesan.

Soupe de châtaignes
à la pancetta

Pour 4 à 6 personnes

Ingrédients

- 3 cuil. à soupe d'huile d'olive
- 175 g de pancetta, coupée en lanières
- 2 oignons, finement haché
- 2 carottes, finement haché
- 2 branches de céleri, finement hachées
- 350 g de châtaignes séchées, trempées toute une nuit
- 2 gousses d'ail, finement hachées
- 1 cuil. à soupe de romarin fraîchement haché
- 1 litre de bouillon de poulet
- sel et poivre
- huile d'olive vierge extra, pour arroser

1 Faire chauffer l'huile d'olive dans une grande casserole, ajouter la pancetta et cuire 2 à 3 minutes à feu moyen, en remuant fréquemment, jusqu'à ce qu'elle commence à brunir.

2 Ajouter les oignons, les carottes et le céleri, et cuire 10 minutes, en remuant fréquemment, 2 à 3 minutes jusqu'à ce qu'ils soient légèrement dorés et tendres.

3 Égoutter les châtaignes, les ajouter dans la casserole avec l'ail et le romarin, et bien mélanger. Ajouter le bouillon, porter à frémissement et cuire 30 à 35 minutes, à couvert, jusqu'à ce que les châtaignes commencent à ramollir et à se défaire – cela épaissit la soupe.

4 Saler et poivrer. Répartir la soupe dans des bols chauds, arroser d'huile d'olive et servir immédiatement.

Velouté de champignons
au xérès

Pour 4 personnes

Ingrédients

- 55 g de beurre
- 2 gousses d'ail, hachées
- 3 oignons, émincés
- 450 g de champignons de Paris, émincés
- 100 g de cèpes frais, émincés
- 3 cuil. à soupe de persil frais haché, un peu plus en garniture
- 500 ml de bouillon de légumes
- 3 cuil. à soupe de farine
- 125 ml de lait
- 2 cuil. à de xérès
- 125 ml de crème fraîche
- sel et poivre

1 Faire fondre le beurre dans une grande casserole à feu doux. Ajouter l'ail et les oignons et cuire 3 minutes, sans cesser de remuer, jusqu'à ce qu'ils soient légèrement dorés. Ajouter les champignons et cuire encore 5 minutes, sans cesser de remuer.

2 Ajouter le persil et le bouillon, puis saler et poivrer. Porter à ébullition, puis baisser le feu, couvrir et laisser mijoter 20 minutes.

3 Mettre la farine dans un bol et ajouter suffisamment de lait pour obtenir une pâte lisse, puis l'incorporer à la soupe. Cuire 5 minutes, sans cesser de remuer. Incorporer le reste du lait et le xérès, et cuire encore 5 minutes. Retirer du feu et incorporer la crème fraîche. Remettre la casserole sur le feu et faire chauffer à feu doux.

4 Retirer du feu répartir la soupe dans des bols chauds. Garnir de persil et servir immédiatement.

Soupe de légumes au curry

Pour 4 personnes

Ingrédients

- 40 g de beurre
- 2 oignons, hachés
- 2 gousses d'ail, finement hachées
- 1½ cuil. à café de cumin en poudre
- 1 cuil. à café de coriandre en poudre
- 1 patate douce, hachée
- 2 carottes, hachées
- 3 navets, hachés
- 1 cuil. à soupe de pâte de curry
- 700 ml de bouillon de légumes
- 700 ml de lait
- 1 cuil. à café de jus de citron vert
- 6 cuil. à soupe de crème fraîche
- sel et poivre
- pain naan (pain indien), en accompagnement

Gingembre frit

- 1 morceau de gingembre frais de 10 cm
- 2 cuil. à soupe d'huile d'arachide

1 Faire fondre le beurre dans une grande casserole. Ajouter les oignons et l'ail, et cuire 8 à 10 minutes à feu doux, en remuant de temps en temps, jusqu'à ce qu'ils soient dorés. Incorporer le cumin et la coriandre, et cuire 2 minutes, sans cesser de remuer. Ajouter la patate douce, les carottes et les navets, et cuire 5 minutes, en remuant fréquemment, puis incorporer la pâte de curry et bien mélanger. Augmenter le feu, ajouter le bouillon et porter à ébullition, en remuant de temps en temps. Réduire le feu, couvrir et laisser mijoter 20 à 25 minutes, jusqu'à ce que les légumes soient tendres.

2 Entre-temps, préparer la garniture. Couper le gingembre en fine julienne. Faire chauffer l'huile à feu vif dans une petite poêle. Réduire le feu, ajouter le gingembre et cuire 1 minute, sans cesser de remuer. Retirer le gingembre à l'aide d'une écumoire et égoutter sur du papier absorbant.

3 Retirer la soupe du feu et laisser tiédir. Transférer dans un robot de cuisine ou un blender, éventuellement en plusieurs fois, et mixer.

4 Remettre la soupe dans la casserole rincée et incorporer le lait. Cuire 5 minutes, en remuant de temps en temps. Incorporer le jus de citron vert et 3 cuillerées à soupe de crème fraîche. Saler et poivrer.

5 Répartir la soupe dans des bols chauds, ajouter une volute de la crème fraîche restante et garnir avec le gingembre frit. Servir immédiatement avec du pain naan.

Bortsch

Pour 4 personnes

Ingrédients

- 5 betteraves crues, environ 1 kg
- 70 g de beurre
- 2 oignons, finement émincés
- 3 carottes, finement émincées
- 3 branches de céleri, finement émincées
- 6 tomates, pelées, épépinées et hachées
- 1 cuil. à soupe de vinaigre de vin rouge
- 1 cuil. à soupe de sucre
- 2 gousses d'ail, finement hachées
- 1 bouquet garni
- 1,3 l de bouillon de légumes
- sel et poivre
- crème fraîche et pain de seigle, en accompagnement
- aneth haché frais, en garniture

1 Peler et râper grossièrement quatre betteraves. Faire fondre le beurre dans une grande casserole. Ajouter les oignons et cuire 5 minutes à feu doux, en remuant de temps en temps, jusqu'à ce qu'ils soient tendres. Ajouter les betteraves râpées, les carottes et le céleri, et cuire encore 5 minutes, en remuant de temps en temps.

2 Augmenter le feu et ajouter les tomates, le vinaigre, le sucre, l'ail et le bouquet garni. Saler et poivrer. Bien mélanger, ajouter le bouillon et porter à ébullition. Réduire le feu, couvrir et laisser mijoter 1¼ heure.

3 Entre-temps, peler et râper la betterave restante. L'ajouter dans la casserole et laisser mijoter encore 10 minutes. Retirer la casserole du feu et laisser reposer 10 minutes.

4 Retirer le bouquet garni. Répartir la soupe dans des bols chauds et garnir d'une cuillerée de crème fraîche. Garnir d'aneth et servir immédiatement avec du pain de seigle.

Soupe de légumes
au paprika

Pour 6 personnes

Ingrédients
- 2 cuil. à soupe d'huile d'olive
- 1 gros oignon, haché
- 2 gousses d'ail, finement hachées
- 3 ou 4 carottes, finement émincées
- ½ chou vert, paré et ciselé
- 1 petit poivron rouge, épépiné et haché
- 1 cuil. à soupe de farine
- 2 cuil. à soupe de paprika doux
- 1 litre de bouillon de légumes
- 2 pommes de terre, coupée en cubes
- 1 à 2 cuil. à café de sucre (facultatif)
- sel et poivre

1 Faire chauffer l'huile dans une grande casserole. Ajouter l'oignon, l'ail et les carottes, et cuire 8 à 10 minutes à feu doux, en remuant de temps en temps, jusqu'à ce que le tout soit légèrement doré. Ajouter le chou et le poivron rouge et cuire 3 à 4 minutes, en remuant fréquemment.

2 Incorporer la farine et le paprika, et cuire 1 minute, sans cesser de remuer. Incorporer très progressivement le bouillon. Augmenter le feu et porter à ébullition, sans cesser de remuer. Saler, puis baisser le feu, couvrir et laisser mijoter 30 minutes.

3 Ajouter les pommes de terre et porter de nouveau à ébullition, puis baisser le feu, couvrir de nouveau la casserole et laisser mijoter encore 20 à 30 minutes, jusqu'à ce que les pommes de terre soient tendres mais ne se défassent pas.

4 Goûter et rectifier l'assaisonnement si nécessaire. Incorporer éventuellement le sucre. Répartir la soupe dans des bols chauds et servir immédiatement.

Chapitre 3
Soupes aux légumineuses

Soupe de haricots toscane

Pour 6 personnes

Ingrédients
- 300 g de haricots canellinis en boîte, égouttés et rincés
- 300 g de haricots borlotti en boîte, égouttés et rincés
- environ 600 ml de bouillon de poulet ou de légumes
- 115 g de conchigliette ou d'autres pâtes à soupe
- 4 cuil. à soupe d'huile d'olive
- 2 gousses d'ail, très finement haché
- 3 cuil. à soupe de persil plat frais haché
- sel et poivre

1 Mettre la moitié des canellinis et la moitié des borlottis dans un robot de cuisine ou un blender avec la moitié du bouillon et mixer jusqu'à obtention d'une purée. Verser dans une grande sauteuse et ajouter le reste des haricots. Incorporer suffisamment de bouillon pour obtenir la consistance désirée, puis porter à ébullition.

2 Ajouter les pâtes et porter de nouveau à ébullition, puis réduire le feu et cuire 15 minutes, jusqu'à ce qu'elles soient juste tendres.

3 Entre-temps, faire chauffer 3 cuillerées à soupe d'huile dans une petite poêle. Ajouter l'ail et cuire 2 à 3 minutes, sans cesser de remuer, jusqu'à ce qu'il soit doré. Incorporer l'ail dans la soupe avec le persil.

4 Saler et poivrer la soupe à volonté, et répartir dans des bols chauds. Arroser avec le reste d'huile et servir immédiatement.

Ribollita

Pour 6 personnes

Ingrédients

- 400 g de haricots blancs en boîte, égouttés et rincés
- 3 cuil. à soupe d'huile d'olive, un peu plus pour arroser
- 1 gros oignon, haché
- 1 poireau, haché
- 4 gousses d'ail, finement hachées
- 2 carottes, coupées en dés
- 2 branches de céleri, hachées
- 2 pommes de terre, coupées en dés
- 2 courgettes, coupées en dés
- 2 grosses tomates, pelées, épépinées et hachées
- 1 cuil. à café de pesto de tomates séchées
- 1 piment séché, écrasé (facultatif)
- 1,7 l de bouillon de légumes
- 225 g de cavolo nero (chou italien), paré et ciselé
- 225 g de chou vert, paré et ciselé
- sel et poivre

Croûtes

- 6 tranches de ciabatta
- 2 gousses d'ail, coupées en deux

1 Mettre les haricots dans un robot de cuisine ou un blender et mixer jusqu'à obtention d'une purée grossière. Transférer dans une terrine et réserver.

2 Faire chauffer l'huile dans une grande casserole. Ajouter l'oignon, le poireau, l'ail, les carottes et le céleri, et cuire 8 à 10 minutes à feu doux, en remuant de temps en temps. Ajouter les pommes de terre et les courgettes, et cuire 2 minutes, sans cesser de remuer.

3 Ajouter les tomates, le pesto de tomates séchées et, éventuellement, le piment séché. Cuire 3 minutes, sans cesser de remuer, puis incorporer la purée de haricots. Cuire encore 2 minutes, sans cesser de remuer.

4 Ajouter le bouillon, puis le cavolo nero et le chou vert. Porter à ébullition, réduire le feu et laisser mijoter 2 heures.

5 Avant la fin de la cuisson, préparer les croûtes. Préchauffer le gril. Frotter le pain avec les deux gousses d'ail coupées en deux et le faire griller des deux côtés.

6 Incorporer le reste des haricots dans la soupe et faire réchauffer 10 minutes à feu doux. Saler et poivrer à volonté. Disposer une croûte dans le fond de chaque bol et remplir de soupe. Arroser avec un peu d'huile d'olive et servir immédiatement.

Soupe aux haricots blancs et aux légumes verts

Pour 4 personnes

Ingrédients

- 250 g de haricots blancs secs, trempés toute une nuit et rincés
- 1 cuil. à soupe d'huile d'olive
- 2 oignons, finement hachés
- 4 gousses d'ail, finement hachées
- 1 branche de céleri, finement émincée
- 2 carottes, coupées en deux et finement émincées
- 1,2 l d'eau
- ¼ de cuil. à café de thym séché
- ¼ de cuil. à café de marjolaine séchée
- 1 feuille de laurier
- 125 g de légumes verts à feuilles, comme des blettes, des épinards et du chou vert, tiges fermes retirées
- sel et poivre

1 Mettre les haricots dans une casserole et ajouter de l'eau froide de sorte que le niveau de l'eau dépasse les haricots de 5 cm. Porter à ébullition et faire bouillir 10 minutes. Égoutter et rincer soigneusement.

2 Faire chauffer l'huile dans une grande casserole à feu moyen. Ajouter les oignons, couvrir et cuire 3 à 4 minutes, en remuant de temps en temps, jusqu'à ce que les oignons soient tendres. Ajouter l'ail, le céleri et les carottes, et cuire encore 2 minutes.

3 Ajouter l'eau, les haricots égouttés, le thym, la marjolaine et la feuille de laurier. Quand la préparation commence à frémir, réduire le feu. Couvrir et laisser mijoter environ 1¼ heure à feu doux, en remuant de temps en temps, jusqu'à ce que les haricots soient tendres (le temps de cuisson dépend de la variété de haricots utilisée). Saler et poivrer à volonté.

4 Retirer la feuille de laurier. Retirer la soupe du feu et laisser tiédir. Transférer environ 450 ml de soupe dans un robot de cuisine ou un blender, et mixer, puis remettre dans la casserole et bien mélanger.

5 Ciseler les légumes verts à feuilles en lanières, en conservant les feuilles tendres comme les épinards à part. Ajouter les légumes plus fermes dans la casserole et cuire 10 minutes à feu doux, à découvert. Incorporer les légumes verts tendres et cuire encore 5 à 10 minutes, jusqu'à ce que les légumes soient cuits.

6 Goûter et rectifier l'assaisonnement, en ajoutant du sel et du poivre si nécessaire. Répartir la soupe dans des bols chauds et servir immédiatement.

Soupe aux haricots noirs

Pour 4 personnes

Ingrédients

- 3 cuil. à soupe d'huile de maïs
- 1 gros oignon, haché
- 2 branches de céleri, hachées
- 2 gousses d'ail, hachées
- 450 g de haricots noirs secs ou de haricots cornilles, trempés toute une nuit et rincés
- 2,5 l de bouillon de légumes
- ¾ de cuil. à café de poivre de Cayenne
- 5 cuil. à soupe de jus de citron
- 2 cuil. à soupe de vinaigre de vin rouge
- 2 cuil. à soupe de xérès sec
- 4 œufs durs, grossièrement hachés
- sel et poivre
- feuilles de céleri, en garniture
- gruyère râpé, en accompagnement

1 Faire chauffer l'huile dans une grande casserole. Ajouter l'oignon, le céleri et l'ail, et cuire 6 à 8 minutes à feu doux, en remuant de temps en temps, jusqu'à ce qu'ils soient tendres.

2 Augmenter le feu à moyen, ajouter les haricots, mouiller avec le bouillon et porter à ébullition. Réduire le feu, couvrir et laisser mijoter 2 à 2½ heures, jusqu'à ce que les haricots soient tendres.

3 Retirer la soupe du feu et laisser tiédir. Transférer la soupe ou seulement la moitié, en fonction de la consistance désirée, dans un robot de cuisine ou un blender, en plusieurs fois si nécessaire, et mixer.

4 Remettre la soupe dans la casserole et porter à ébullition. Si la soupe est trop épaisse, ajouter un peu d'eau. Ajouter le poivre de Cayenne, le jus de citron, le vinaigre, le xérès et les œufs durs, puis saler et poivrer. Réduire le feu et laisser mijoter 10 minutes, sans cesser de remuer.

5 Retirer la casserole du feu et répartir la soupe dans des bols chauds. Garnir avec des feuilles de céleri, parsemer de gruyère râpé et servir immédiatement.

Soupe de haricots blancs
à la tapenade

Pour 8 personnes

Ingrédients

- 350 g de haricots blancs secs, trempés toute une nuit et rincés
- 1 cuil. à soupe d'huile d'olive
- 1 gros oignon, finement haché
- 1 gros poireau (partie blanche seule), finement émincé
- 3 gousses d'ail, finement hachées
- 2 branches de céleri, finement hachées
- 2 petites carottes, finement hachées
- 1 petit bulbe de fenouil, finement haché
- 2 litres d'eau
- ¼ cuil. à café de thym séché
- ¼ cuil. à café de marjolaine séchée
- sel et poivre

Tapenade

- 1 gousse d'ail
- 1 petite botte de persil plat frais, tiges retirées
- 240 g d'olives vertes fourrées aux amandes, égouttées
- 5 cuil. à soupe d'huile d'olive

1 Mettre les haricots dans une casserole et ajouter de l'eau froide de sorte que le niveau de l'eau dépasse les haricots de 5 cm. Porter à ébullition et faire bouillir 10 minutes. Égoutter et rincer soigneusement.

2 Faire chauffer l'huile à feu moyen dans une grande sauteuse. Ajouter l'oignon et le poireau, couvrir et cuire 3 à 4 minutes, en remuant de temps en temps, jusqu'à ce qu'ils soient juste tendres. Ajouter l'ail, le céleri, les carottes et le fenouil, et cuire encore 2 minutes.

3 Ajouter l'eau, les haricots égouttés et les herbes. Lorsque la préparation commence à frémir, réduire le feu. Couvrir et laisser mijoter environ 1½ heure à feu doux, en remuant de temps en temps, jusqu'à ce que les haricots soient très tendres.

4 Entre-temps, préparer la tapenade. Mettre l'ail, le persil et les olives dans un robot de cuisine ou un blender avec l'huile. Réduire en purée et transférer dans un bol.

5 Retirer la soupe du feu et laisser tiédir. Transférer la soupe dans un robot de cuisine ou un blender, en plusieurs fois si nécessaire, et mixer.

6 Remettre la soupe dans la casserole rincée et ajouter un peu d'eau, si nécessaire. Saler et poivrer à volonté, et laisser mijoter jusqu'à ce que la soupe soit bien chaude. Répartir dans des bols chauds, garnir avec une bonne cuillerée de tapenade et servir immédiatement.

Soupe de haricots
au gruyère

Pour 4 personnes

Ingrédients
- 1 cuil. à soupe d'huile d'olive vierge extra
- 3 gousses d'ail, finement hachées
- 4 oignons verts, émincés, un peu plus pour la garniture
- 200 g de champignons de Paris, émincés
- 1 litre de bouillon de légumes
- 1 grosse carotte, hachée
- 400 g de haricots mélangés en boîte, égouttés et rincés
- 800 g de tomates concassées en boîte
- 1 cuil. à soupe de thym frais haché
- 1 cuil. à soupe d'origan frais haché
- 175 g de gruyère, râpé
- 4 cuil. à soupe de crème fraîche épaisse, un peu plus pour accompagner
- sel et poivre

1 Faire chauffer l'huile dans une grande casserole à feu moyen. Ajouter l'ail et les oignons verts et cuire 3 minutes, sans cesser de remuer, jusqu'à ce qu'ils commencent à être tendres. Ajouter les champignons et cuire encore 2 minutes, sans cesser de remuer.

2 Ajouter le bouillon, puis ajouter la carotte, les haricots, les tomates et les herbes. Saler et poivrer à volonté. Porter à ébullition, puis réduire le feu et laisser mijoter 30 minutes.

3 Retirer la soupe du feu et laisser tiédir. Transférer dans un robot de cuisine ou un blender, en plusieurs fois si nécessaire, et mixer.

4 Remettre la soupe dans une casserole rincée et incorporer le fromage. Cuire encore 10 minutes, puis incorporer la crème fraîche. Cuire 5 minutes, puis retirer du feu. Répartir dans des bols chauds, garnir d'une volute de crème et garnir avec les oignons verts. Servir immédiatement.

Soupe à la tomate
et aux haricots

Pour 6 personnes

Ingrédients

- 3 cuil. à soupe d'huile d'olive
- 450 g d'oignons rouges, hachés
- 1 branche de céleri avec ses feuilles, hachée
- 1 poivron rouge, épépiné et haché
- 2 gousses d'ail, finement hachées
- 1 kg de tomates olivettes, pelées et hachées
- 1,3 litre de bouillon de légumes
- 2 cuil. à soupe de concentré de tomates
- 1 cuil. à café de sucre
- 1 cuil. à soupe de paprika doux
- 15 g de beurre
- 1 cuil. a soupe de farine
- 400 g de haricots canellinis en boîte, égouttés et rincés
- sel et poivre
- 3 cuil. à soupe de persil plat frais haché, en garniture

1 Faire chauffer l'huile dans une grande casserole. Ajouter les oignons, le céleri, le poivron rouge et l'ail, et cuire à feu doux 5 minutes, en remuant de temps en temps, jusqu'à ce qu'ils soient tendres.

2 Baisser le feu à température moyenne, ajouter les tomates et cuire encore 5 minutes, en remuant de temps en temps, puis ajouter le bouillon. Ajouter le concentré de tomates, le sucre et le paprika doux, puis saler et poivrer. Porter à ébullition, réduire le feu et laisser mijoter 15 minutes.

3 Entre-temps, écraser le beurre et la farine à la fourchette dans un petit bol. Incorporer progressivement la pâte obtenue dans la soupe. Veiller à ce que la pâte soit bien incorporée avant d'en ajouter de nouveau.

4 Ajouter les haricots, bien mélanger et laisser mijoter encore 5 minutes, jusqu'à ce que la soupe soit bien chaude. Répartir dans des bols chauds, parsemer de persil et servir immédiatement.

Soupe à la patate douce
et aux haricots blancs

Pour 4 personnes

Ingrédients

- 2 cuil. à soupe d'huile d'olive
- 1 oignon, haché
- 2 branches de céleri, hachées
- 1 grosse carotte, grossièrement hachée
- 1 grosse ou 2 petites patates douces, hachées
- 400 g de haricots blancs en boîte, égouttés et rincés
- 1 litre de bouillon de légumes
- sel et poivre
- coriandre fraîche hachée, en garniture
- parmesan fraîchement râpé, en accompagnement

1 Faire chauffer l'huile dans une grande casserole à feu moyen. Ajouter l'oignon, le céleri et la carotte, et cuire 8 à 10 minutes, en remuant fréquemment, jusqu'à ce qu'ils soient tendres. Ajouter les patates douces et les haricots et cuire 1 minute, sans cesser de remuer.

2 Ajouter le bouillon, bien mélanger et porter à frémissement. Saler et poivrer légèrement. Couvrir, réduire le feu et cuire 25 à 30 minutes, jusqu'à ce que les légumes soient tendres.

3 Retirer la soupe du feu et laisser tiédir. Transférer un tiers de la soupe dans un blender ou un robot de cuisine et mixer. Remettre dans la casserole et bien mélanger. Goûter et rectifier l'assaisonnement, en ajoutant du sel et du poivre si nécessaire. Réchauffer à feu doux jusqu'à ce que la soupe soit bien chaude.

4 Répartir dans des bols chauds et parsemer avec la coriandre. Servir immédiatement avec du parmesan râpé.

Soupe aux haricots rouges
et au chorizo

Pour 4 personnes

Ingrédients

- 2 cuil. à soupe d'huile d'olive
- 2 gousses d'ail, hachées
- 2 oignons rouges, hachés
- 1 poivron rouge, épépiné et haché
- 2 cuil. à soupe de maïzena
- 1 litre de bouillon de légumes
- 450 g de pommes de terre, coupées en deux puis en dés
- 150 g de chorizo, émincé
- 2 courgettes, émincées
- 200 g de haricots rouges en boîte, égouttés et rincés
- 125 ml de crème fraîche épaisse
- sel et poivre
- pain, en accompagnement

1 Faire chauffer l'huile dans une grande casserole. Ajouter l'ail et les oignons et cuire 3 minutes à feu moyen, sans cesser de remuer, jusqu'à ce qu'ils soient juste tendres. Ajouter le poivron rouge et cuire encore 3 minutes, sans cesser de remuer.

2 Dans un bol, délayer la maïzena avec suffisamment de bouillon pour obtenir une pâte lisse et l'incorporer aux légumes de la casserole. Cuire 2 minutes, sans cesser de remuer. Ajouter le reste du bouillon, puis ajouter les pommes de terre. Saler et poivrer. Porter à ébullition, puis réduire le feu et laisser mijoter 25 minutes, jusqu'à ce que les légumes soient tendres.

3 Ajouter le chorizo, les courgettes et les haricots rouges. Cuire 10 minutes, puis incorporer la crème et cuire encore 5 minutes. Retirer du feu et répartir dans des bols chauds. Servir immédiatement avec du pain.

Soupe de haricots rouges, de potiron à la tomate

Pour 4 à 6 personnes

Ingrédients

- 250 g de haricots rouges secs, trempés toute une nuit et égouttés
- 1 cuil. à soupe d'huile d'olive
- 2 oignons, finement hachés
- 4 gousses d'ail, finement hachées
- 1 branche de céleri, finement émincée
- 1 carotte, coupée en deux et finement émincée
- 1,2 l d'eau
- 2 cuil. à café de concentré de tomates
- ⅛ de cuil. à café de thym séché
- ⅛ de cuil. à café d'origan séché
- ⅛ de cuil. à café de cumin en poudre
- 1 feuille de laurier
- 400 g de tomates concassées en boîte
- 250 g de chair de potiron, coupées en dés
- ¼ de cuil. à café de pâte de piment, ou à volonté
- sel et poivre
- feuilles e coriandre fraîche, en garniture

1 Mettre les haricots dans une casserole et ajouter suffisamment d'eau pour que le niveau dépasse les haricots de 5 cm. . Porter à ébullition et faire bouillir 10 minutes. Égoutter et rincer soigneusement.

2 Faire chauffer l'huile dans une grande casserole à feu moyen. Ajouter les oignons, couvrir et cuire 3 à 4 minutes, en remuant de temps en temps, jusqu'à ce qu'ils soient juste tendres. Ajouter l'ail, le céleri et la carotte, et cuire encore 2 minutes.

3 Ajouter l'eau, les haricots égouttés, le concentré de tomates, le thym, l'origan, le cumin et la feuille de laurier. Quand la préparation commence à frémir, réduire le feu. Couvrir et laisser mijoter 1 heure à feu doux, en remuant de temps en temps.

4 Ajouter les tomates, le potiron et la pâte de piment, et laisser mijoter encore 1 heure, en remuant de temps en temps, jusqu'à ce que les haricots et le potiron soient cuits.

5 Saler et poivrer à volonté et rajouter éventuellement un peu de pâte de piment. Répartir la soupe dans des bols, garnir de feuilles de coriandre et servir.

Soupe aux pois chiches

Pour 6 personnes

Ingrédients
- 400 g de pois chiches, trempés toute une nuit et rincés
- 2 cuil. à soupe d'huile d'olive
- 1 oignon, finement haché
- 2 gousses d'ail, finement hachées
- 450 g de blettes, parées et feuilles émincées en lanières
- 2 brins de romarin frais
- 400 g de tomates concassées en boîte
- sel et poivre
- pain ciabatta, en accompagnement

1 Mettre les pois chiches dans une grande casserole. Ajouter suffisamment d'eau pour couvrir et porter à ébullition, en écumant la surface à l'aide d'une écumoire. Réduire le feu et laisser mijoter 1 à 1¼ heure, en rajoutant de l'eau si nécessaire, jusqu'à ce que les pois chiches soient tendres.

2 Égoutter les pois chiches, en réservant l'eau de cuisson. Saler et poivrer les pois chiches. Mettre les deux tiers dans un robot de cuisine ou un blender avec un peu d'eau de cuisson, en rajoutant de l'eau si nécessaire, pour obtenir la consistance souhaitée. Remettre dans la casserole avec les pois chiches restants.

3 Faire chauffer l'huile dans une casserole de taille moyenne, ajouter l'oignon et l'ail, et cuire 3 à 4 minutes à feu moyen, en remuant fréquemment, jusqu'à ce que l'oignon soit tendre. Ajouter les blettes et les brins de romarin, et cuire 3 à 4 minutes, en remuant fréquemment. Ajouter les tomates et cuire encore 5 minutes, jusqu'à ce que les tomates soient presque réduites en sauce. Retirer les brins de romarin.

4 Ajouter les blettes à la tomate à la purée de pois chiches et laisser mijoter 2 à 3 minutes. Goûter et rectifier l'assaisonnement, en ajoutant du sel et du poivre si nécessaire. Répartir la soupe dans des bols chauds et servir immédiatement avec du pain ciabatta.

Soupe de pois cassés
au jambon fumé

Pour 6 à 8 personnes

Ingrédients
- 500 g de pois cassés
- 1 cuil. à soupe d'huile d'olive
- 1 gros oignon, finement haché
- 1 grosse carotte, finement hachée
- 1 branche de céleri, finement hachée
- 1 litre de bouillon de poulet ou de légumes
- 1 litre d'eau
- 225 g de jambon fumé, finement coupé en dés
- ¼ de cuil. à café de thym séché
- ¼ de cuil. à café de marjolaine séchée
- 1 feuille de laurier
- sel et poivre

1 Rincer les pois cassés sous l'eau courante froide. Mettre dans une casserole et ajouter suffisamment d'eau pour couvrir largement. Porter à ébullition et faire bouillir 3 minutes, en écumant la surface. Égoutter.

2 Faire chauffer l'huile dans une grande casserole à feu moyen. Ajouter l'oignon et cuire 3 à 4 minutes, en remuant de temps en temps, jusqu'à ce qu'il soit tendre.

3 Ajouter la carotte et le céleri, et cuire encore 2 minutes. Ajouter les pois cassés égouttés, mouiller avec le bouillon et l'eau, et bien mélanger.

4 Porter à frémissement et incorporer le jambon dans la soupe. Ajouter le thym, la marjolaine et la feuille de laurier. Réduire le feu, couvrir et cuire 1 à 1½ heure à feu doux, jusqu'à ce que les ingrédients soient très tendres. Retirer la feuille de laurier.

5 Goûter et rectifier l'assaisonnement, en ajoutant du sel et du poivre si nécessaire. Répartir dans des bols chauds et servir immédiatement.

Soupe de lentilles épicée
aux carottes

Pour 4 personnes

Ingrédients
- 125 g de lentilles rouges
- 1,2 l de bouillon de légumes
- 350 g de carottes, émincées
- 2 oignons, hachés
- 225 g de tomates concassées en boîte
- 2 gousses d'ail, hachées
- 2 cuil. à soupe de beurre clarifié ou d'huile
- 1 cuil. à café de cumin en poudre
- 1 cuil. à café de coriandre en poudre
- 1 piment vert frais, épépiné et haché
- ½ cuil. à café de curcuma en poudre
- 1 cuil. à soupe de jus de citron
- 300 ml de lait
- 2 cuil. à soupe de coriandre fraîche hachée
- sel
- yaourt nature, en accompagnement

1 Mettre les lentilles dans une grande casserole, avec 900 ml de bouillon, les carottes, les oignons, les tomates et l'ail. Porter à ébullition, puis réduire le feu, couvrir et laisser mijoter 30 minutes, jusqu'à ce que les légumes et les lentilles soient tendres.

2 Entre-temps, faire chauffer le beurre clarifié dans une petite casserole. Ajouter le cumin, la coriandre en poudre, le piment et le curcuma, et faire revenir 1 minute à feu doux. Retirer du feu et incorporer le jus de citron. Saler à volonté.

3 Retirer la soupe du feu et laisser tiédir. Transférer dans un robot de cuisine ou un blender, en plusieurs fois si nécessaire, et mixer. Remettre la soupe dans la casserole rincée, ajouter les épices et le reste du bouillon et laisser mijoter 10 minutes à feu doux.

4 Ajouter le lait, goûter et rectifier l'assaisonnement avec du sel et du poivre si nécessaire. Ajouter la coriandre hachée et réchauffer à feu doux. Répartir dans des bols chauds, garnir avec un peu de yaourt et servir immédiatement.

Soupe au lard
et aux lentilles

Pour 4 personnes

Ingrédients
- 450 g de lard fumé, coupé en dés
- 1 oignon, haché
- 2 carottes, émincées
- 2 branches de céleri, hachées
- 1 navet, haché
- 1 grosse pomme de terre, hachée
- 85 g de lentilles du Puy
- 1 bouquet garni
- 1 litre d'eau ou de bouillon de poulet
- sel et poivre

1 Faire chauffer une grande sauteuse à feu moyen. Ajouter le lard et cuire 4 à 5 minutes, sans cesser de remuer, jusqu'à ce que la graisse s'écoule. Ajouter l'oignon, les carottes, le céleri, le navet et la pomme de terre, et cuire 5 minutes, en remuant fréquemment.

2 Ajouter les lentilles et le bouquet garni, puis mouiller avec l'eau. Porter à ébullition, réduire le feu et laisser mijoter 1 heure, jusqu'à ce que les lentilles soient tendres.

3 Retirer le bouquet garni, puis saler et poivrer si nécessaire. Retirer du feu, répartir dans des bols chauds et servir immédiatement.

Soupe de potiron
aux lentilles rouges

Pour 6 personnes

Ingrédients

- 3 cuil. à soupe d'huile d'olive
- 2 gros oignons, hachés
- 2 gousses d'ail, hachées
- 2 cuil. à café de cumin en poudre
- 1 cuil. à café de cannelle en poudre
- ½ cuil. à café de noix muscade fraîchement râpée
- ½ cuil. à café de gingembre en poudre
- ½ cuil. à café de coriandre en poudre
- 1 kg de potiron ou de courge butternut, épépiné et coupé en petits morceaux
- 350 g de lentilles rouges ou jaunes
- 1,7 l de bouillon de légumes
- 3 cuil. à soupe de jus de citron
- sel et poivre
- crème fraîche ou yaourt à la grecque, en accompagnement

1 Faire chauffer l'huile dans une grande casserole. Ajouter les oignons et l'ail, et cuire 5 minutes à feu doux, en remuant de temps en temps, jusqu'à ce qu'ils soient tendres. Ajouter le cumin, la cannelle, la noix muscade, le gingembre et la coriandre, et cuire 1 minute, sans cesser de remuer.

2 Ajouter le potiron et les lentilles et cuire 2 minutes, sans cesser de remuer, puis mouiller avec le bouillon et porter à ébullition à feu moyen. Réduire le feu et laisser mijoter 50 à 60 minutes, en remuant de temps en temps, jusqu'à ce que les légumes soient tendres.

3 Retirer du feu et laisser tiédir. Transférer dans un robot de cuisine ou un blender, en plusieurs fois si nécessaire, et mixer.

4 Remettre la soupe dans une casserole rincée et incorporer le jus de citron. Goûter et rectifier l'assaisonnement, en ajoutant du sel et du poivre si nécessaire. Réchauffer à feu doux. Répartir dans des bols chauds, garnir d'une volute de crème fraîche et servir immédiatement.

Soupe de légumes
aux lentilles vertes

Pour 6 personnes

Ingrédients
- 1 cuil. à soupe d'huile d'olive
- 1 oignon, finement haché
- 1 gousse d'ail, finement hachée
- 1 carotte, coupée en deux et finement émincée
- 450 g de jeune chou vert, paré, coupé en quatre et finement émincé
- 400 g de tomates concassées en boîte
- ½ cuil. à café de thym séché
- 2 feuilles de laurier
- 1,5 l de bouillon de poulet ou de légumes
- 200 g de lentilles du Puy
- 450 ml d'eau
- sel et poivre
- persil frais haché, en garniture

1 Faire chauffer l'huile dans une grande casserole à feu moyen. Ajouter l'oignon, l'ail et la carotte, et cuire 3 à 4 minutes, en remuant fréquemment, jusqu'à ce que l'oignon ramollisse. Ajouter le chou et cuire encore 2 minutes.

2 Ajouter les tomates, le thym et une des feuilles de laurier, puis ajouter le bouillon. Porter à ébullition, réduire le feu et cuire environ 45 minutes à feu doux, partiellement couvert, jusqu'à ce que les légumes soient tendres. Retirer la feuille de laurier.

3 Entre-temps, mettre les lentilles dans une autre casserole avec la feuille de laurier restante et l'eau. Porter à frémissement, réduire le feu et laisser mijoter environ 25 minutes, jusqu'à ce que les lentilles soient tendres Égoutter soigneusement et réserver. Retirer la feuille de laurier.

4 Lorsque les légumes sont cuits, retirer du feu et laisser tiédir. Transférer dans un robot de cuisine ou un blender, en plusieurs fois si nécessaire, et mixer.

5 Remettre la soupe dans la casserole rincée et ajouter les lentilles cuites. Goûter et rectifier l'assaisonnement, en ajoutant du sel et du poivre si nécessaire, et cuire environ 10 minutes pour bien réchauffer. Répartir dans des bols chauds, garnir de persil et servir immédiatement.

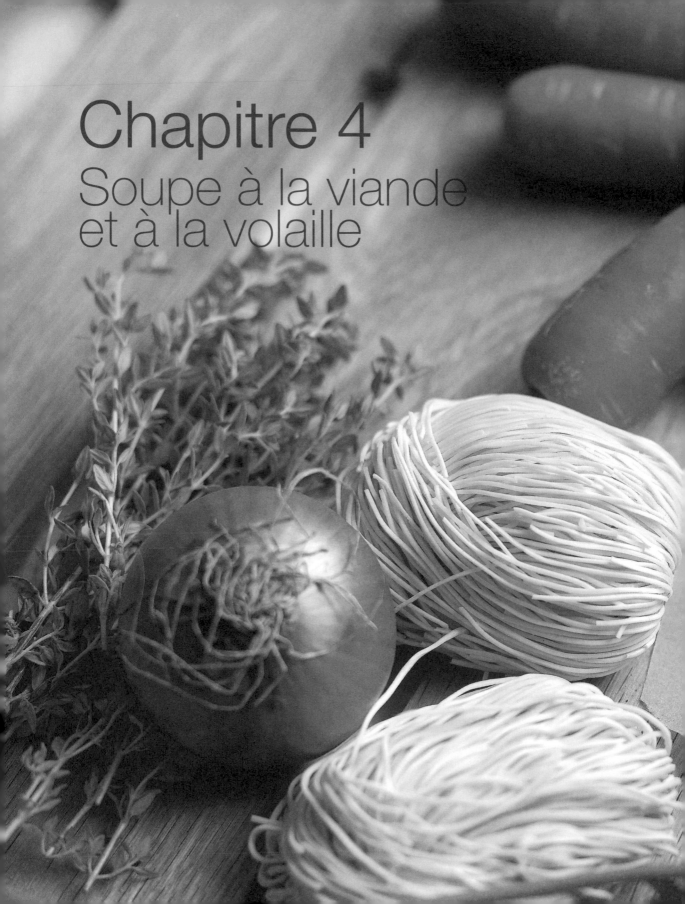

Chapitre 4
Soupe à la viande et à la volaille

Soupe au bœuf
et aux légumes

Pour 4 personnes

Ingrédients
- 55 g d'orge perlé
- 1,2 l de bouillon de bœuf
- 1 cuil. à café de fines herbes déshydratées
- 225 g d'aloyau ou de faux-filet
- 1 grosse carotte, coupée en dés
- 1 poireau, ciselé
- 1 oignon, haché
- 2 branches de céleri, émincées
- sel et poivre
- 2 cuil. à soupe de persil frais haché, en garniture

1 Mettre l'orge perlé dans une grande casserole. Mouiller avec le bouillon et ajouter le mélange d'herbes. Porter à ébullition, couvrir et laisser mijoter 10 minutes à feu doux, en écumant la surface.

2 Entre-temps, dégraisser soigneusement le bœuf et couper en fines lanières.

3 Ajouter le bœuf, la carotte, le poireau, l'oignon et le céleri dans la casserole. Porter de nouveau à ébullition, couvrir et laisser mijoter environ 1 heure, jusqu'à ce que l'orge perlé, le bœuf et les légumes soient juste tendres.

4 Écumer de nouveau soigneusement la soupe. Appliquer du papier absorbant sur la surface pour éliminer toute trace de graisse. Goûter et rectifier l'assaisonnement, en ajoutant du sel et du poivre si nécessaire.

5 Répartir la soupe dans des bols chauds, garnir de persil et servir immédiatement.

Soupe au bœuf
et au chou

Pour 6 personnes

Ingrédients

- 2 cuil. à soupe d'huile végétale
- 1 oignon, haché
- 2 branches de céleri, coupées en dés
- 2 carottes, coupées en dés
- 1 grosse gousse d'ail, finement hachée
- 1,5 l de bouillon de bœuf
- 1 grosse pomme de terre, coupée en cubes
- 280 g de viande de bœuf cuite, gîte ou poitrine de bœuf, coupée en petits cubes
- 200 g de chou vert ciselé
- sel et poivre
- 3 cuil. à soupe de persil plat frais grossièrement haché, en garniture

1 Faire chauffer l'huile dans une grande sauteuse à feu moyen. Ajouter l'oignon, le céleri et les carottes, puis couvrir et cuire 5 à 7 minutes, en remuant de temps en temps. Ajouter l'ail, ¼ de cuillerée à café de poivre et du sel à volonté, puis cuire encore 1 minute.

2 Ajouter le bouillon et porter à ébullition. Ajouter la pomme de terre et le bœuf, puis laisser mijoter 30 minutes, partiellement couvert.

3 Ajouter le chou et porter de nouveau à ébullition. Réduire le feu et laisser mijoter encore 15 minutes, jusqu'à ce que le chou soit tendre.

4 Goûter et rectifier l'assaisonnement, en ajoutant du sel et du poivre si nécessaire. Répartir dans des bols chauds, garnir avec le persil et servir immédiatement.

Soupe au bœuf
et aux nouilles

Pour 6 personnes

Ingrédients

- 15 g de champignons chinois ou de cèpes déshydratés
- 3 cuil. à soupe d'huile de maïs
- 500 g de viande de bœuf maigre, comme du filet ou du faux-filet, coupée en lanières
- 175 g de carottes, coupées en julienne
- 10 oignons verts, finement ciselés
- 2 gousses d'ail, finement hachées
- 1 morceau de gingembre frais de 2,5 cm, finement haché
- 1,7 l de bouillon de bœuf ou de légumes
- 4 cuil. à soupe de sauce de soja épaisse, ou à volonté
- 1 cuil. à soupe de sauce hoisin
- 6 cuil. à soupe de vin de riz ou de xérès sec
- 140 g de nouilles aux œufs sèches
- 140 g d'épinards ciselés
- poivre

1 Mettre les champignons déshydratés dans un bol, couvrir avec de l'eau bouillante et laisser tremper 20 minutes. En cas d'utilisation de champignons chinois, égoutter et rincer. En cas d'utilisation de cèpes, égoutter en réservant l'eau de trempage. Filtrer l'eau de trempage dans une fine passoire au-dessus d'un bol.

2 Faire chauffer l'huile dans une grande casserole. Ajouter le bœuf et cuire, sans cesser de remuer, jusqu'à ce qu'il ait entièrement bruni. Retirer à l'aide d'une écumoire et égoutter sur du papier absorbant.

3 Ajouter les carottes, les oignons verts, l'ail et le gingembre dans la casserole, et cuire 5 minutes, sans cesser de remuer. Remettre le bœuf dans la casserole, mouiller avec le bouillon et ajouter la sauce de soja, la sauce hoisin et le vin de riz. Ajouter les champignons et l'eau de trempage des cèpes, éventuellement. Poivrer et porter à ébullition à feu moyen, puis réduire le feu et laisser mijoter 15 minutes.

4 Ajouter les nouilles et les épinards dans la casserole, bien mélanger et laisser mijoter encore 7 à 8 minutes. Goûter et rectifier l'assaisonnement, en ajoutant du poivre et de la sauce de soja si nécessaire. Répartir dans des bols chauds et servir immédiatement.

Consommé

Pour 4 à 6 personnes

Ingrédients
- 1,25 l de bouillon de bœuf
- 225 g de viande de bœuf maigre hachée
- 2 tomates, pelées, épépinées et hachées
- 2 grosses carottes, hachées
- 1 gros oignon, haché
- 2 branches de céleri, hachées
- 1 navet, haché (facultatif)
- 1 bouquet garni
- 2 ou 3 blancs d'œufs
- coquilles de 2 à 4 œufs, concassées
- 1 à 2 cuil. à soupe de xérès (facultatif)
- sel et poivre
- julienne de carottes, navets, céleri en branches ou rave, en garniture

1 Mettre le bouillon et le bœuf dans une casserole et laisser reposer 1 heure. Ajouter les tomates, carottes, oignon, le céleri, navet (éventuellement), le bouquet garni, deux des blancs d'œufs, la coquille concassée de deux œufs et une grosse pincée de sel et de poivre. Porter presque au point d'ébullition, sans cesser de battre avec un fouet plat.

2 Couvrir et laisser mijoter 1 heure, en veillant à bien écumer.

3 Filtrer la soupe dans une étamine au-dessus d'un récipient résistant à la chaleur, en écartant l'écume constamment. Puis filtrer de nouveau au-dessus d'une casserole propre. Le liquide obtenu doit être complètement limpide.

4 Si le consommé n'est pas suffisamment limpide, le remettre dans une casserole avec un blanc d'œuf et la coquille concassée de deux autres œufs. Battre de nouveau, comme précédemment, puis faire bouillir 10 minutes. Filtrer de nouveau.

5 Ajouter éventuellement le xérès à la soupe et réchauffer à feu doux. Mettre la garniture dans des bols chauds et verser délicatement le bouillon.

Soupe italienne aux boulettes
et aux légumes verts

Pour 4 à 6 personnes

Ingrédients
- 350 g de bœuf haché maigre
- 4 cuil. à soupe d'oignon râpé
- 2 cuil. à soupe de parmesan
  fraîchement râpé, un peu plus
  pour accompagner
- 1 petit œuf, battu
- 2 litres de bouillon de poulet,
  de préférence fait maison
- 40 g de pâtes à soupe
- 350 g de blettes ou de chou vert,
  tiges fermes retirées et feuilles
  ciselées en lanières
- sel et poivre

1 Préchauffer le four à 230 °C (th. 7-8).

2 Mélanger le bœuf, l'oignon, le parmesan, ½ cuillerée à café de poivre et ¼ de cuillerée à café de sel dans une terrine, en mélangeant bien à l'aide d'une fourchette. Ajouter l'œuf battu. Façonner 24 boulettes de la taille d'une noix et les disposer sur une plaque à pâtisserie antiadhésive. Cuire 5 à 7 minutes au four préchauffé, en les retournant une fois, jusqu'à ce qu'elles soient légèrement brunes. Retirer du four et réserver.

3 Porter le bouillon à ébullitionl dans une grande casserole. Ajouter les pâtes et les boulettes, puis laisser mijoter 10 minutes à feu vif.

4 Entre-temps, faire cuire les blettes 2 à 3 minutes jusqu'à ce qu'elles soient juste flétries. Égoutter dans une passoire et exprimer le plus de liquide possible, en pressant les feuilles avec le dos d'une cuillère en bois. Ajouter les blettes à la soupe et cuire encore 5 minutes, jusqu'à ce que les légumes et les pâtes soient tendres.

5 Goûter et rectifier l'assaisonnement, en ajoutant du sel et du poivre si nécessaire. Répartir la soupe dans des bols chauds et servir immédiatement avec du parmesan.

Soupe à la choucroute
et aux saucisses

Pour 6 personnes

Ingrédients
- 25 g de beurre
- 1 cuil. à soupe de farine
- 1 cuil. à soupe de paprika doux
- 2 litres de bouillon de légumes
- 650 g de choucroute, égouttée
- 500 g de saucisses de porc fumées, coupées en rondelles de 2,5 cm
- 150 ml de crème fraîche, un peu plus pour accompagner
- sel et poivre

Quenelles
- 85 g de farine, un peu plus pour saupoudrer
- pincée de sel
- 1 gros œuf

1 Faire fondre le beurre dans une grande casserole à feu doux. Ajouter la farine et le paprika et cuire 2 minutes, sans cesser de remuer, puis retirer la casserole du feu. Ajouter progressivement le bouillon, jusqu'à ce qu'il soit entièrement incorporé et que la préparation soit homogène.

2 Remettre la casserole à feu moyen et porter à ébullition, sans cesser de remuer. Ajouter la choucroute et les saucisses, puis saler et poivrer. Réduire le feu, couvrir et laisser mijoter 30 minutes.

3 Entre-temps, préparer les quenelles. Tamiser la farine et le sel dans une jatte. Battre l'œuf dans un bol, puis incorporer très progressivement la farine. Placer la pâte obtenue sur une surface farinée et pétrir jusqu'à ce qu'elle soit lisse. Couvrir et laisser reposer 15 minutes.

4 Diviser la pâte en six morceaux et les façonner en forme de saucisses. Se fariner les mains, diviser la pâte en petits tronçons et les ajouter à la soupe. Couvrir de nouveau la casserole et laisser mijoter encore 5 minutes.

5 Retirer la casserole du feu et répartir la soupe dans des bols chauds. Garnir avec une cuillerée de crème fraîche et servir immédiatement.

Bouillon de légumes verts
aux boulettes de porc

Pour 6 personnes

Ingrédients

- 2 litres de bouillon de poulet
- 85 g de shiitakes, finement émincés
- 175 g de pak choi ou autre légume vert à feuilles oriental, émincé en lanière
- 6 oignons verts, finement émincés
- sel et poivre

Boulettes de porc

- 225 g de viande de porc maigre hachée
- 25 g de feuilles d'épinards, finement hachées
- 2 oignons verts, finement hachés
- 1 gousse d'ail, très finement hachée
- pincée de poudre de cinq-épices
- 1 cuil. à café de sauce de soja

1 Pour préparer les boulettes de porc, placer le porc, les épinards, les oignons verts et l'ail dans une terrine. Ajouter la poudre de cinq-épices et la sauce de soja et bien mélanger.

2 Façonner la farce obtenue en 24 boulettes. Les disposer dans un panier à vapeur à placer sur une cocotte.

3 Porter le bouillon à frémissement dans une casserole destinée à recevoir le panier à vapeur. Régler la température du feu de sorte que le bouillon frémisse doucement. Ajouter les champignons au bouillon et placer le panier sur la cocotte, couvrir. Faire cuire 10 minutes à la vapeur. Retirer le panier et réserver sur un plat.

4 Ajouter le pak choi et les oignons verts dans la cocotte et cuire 3 à 4 minutes à feu doux dans le bouillon, jusqu'à ce que les feuilles soient juste flétries. Goûter et rectifier l'assaisonnement, en ajoutant du sel et du poivre si nécessaire.

5 Répartir les boulettes de porc dans des bols chauds et couvrir avec la soupe. Servir immédiatement.

Soupe au chou
et au chorizo

Pour 6 personnes

Ingrédients

- 3 cuil. à soupe d'huile d'olive, un peu plus pour arroser
- 1 gros oignon, finement haché
- 2 gousses d'ail, finement hachées
- 900 g de pommes de terre, coupées en dés
- 1,5 l de bouillon de légumes
- 125 g de chorizo, finement émincé
- 450 g de chou frisé ou de chou vert, paré et ciselé
- sel et poivre

1 Faire chauffer 2 cuillerées à soupe d'huile dans une grande casserole. Ajouter l'oignon et l'ail, et cuire 5 minutes à feu doux, en remuant de temps en temps, jusqu'à ce qu'ils soient tendres. Ajouter les pommes de terre et cuire encore 3 minutes, sans cesser de remuer.

2 Baisser le feu à moyen, mouiller avec le bouillon et porter à ébullition. Réduire le feu, couvrir et cuire 10 minutes.

3 Entre-temps, faire chauffer le reste d'huile dans une poêle. Ajouter le chorizo et cuire quelques minutes à feu doux, en le retournant de temps en temps, jusqu'à ce que la graisse s'écoule. Retirer à l'aide d'une écumoire et égoutter sur du papier absorbant.

4 Retirer la casserole de soupe du feu et réduire les pommes de terre en purée à l'aide d'un écrase-purée. Remettre sur le feu, ajouter le chou et porter de nouveau à ébullition. Réduire le feu et laisser mijoter 5 à 6 minutes, jusqu'à ce que le chou soit tendre.

5 Retirer la casserole du feu et écraser de nouveau les pommes de terre. Ajouter le chorizo, saler et poivrer, puis répartir dans des bols chauds. Arroser avec un peu d'huile d'olive et servir immédiatement.

Soupe écossaise

Pour 6 à 8 personnes

Ingrédients

- 700 g de collier d'agneau
- 1,7 l d'eau
- 55 g d'orge perlé
- 2 oignons, hachés
- 1 gousse d'ail, finement hachée
- 3 petits navets, coupés en dés
- 3 carottes, finement émincées
- 2 branches de céleris, émincées
- 2 poireaux, émincés
- sel et poivre
- 2 cuil. à soupe de persil frais haché, en garniture

1 Couper l'agneau en petits morceaux, en retirant le plus de graisse possible. Placer dans une grande casserole et couvrir d'eau. Porter à ébullition à feu moyen écumer régulièrement la surface.

2 Ajouter l'orge perlé, réduire le feu et cuire à feu doux 1 heure, à couvert.

3 Ajouter les légumes préparés, puis bien saler et poivrer. Cuire encore 1 heure. Retirer du feu et laisser tiédir.

4 Retirer la viande de la casserole à l'aide d'une écumoire et la désosser. Jeter les os, ainsi que la graisse et les cartilages. Remettre la viande dans la casserole et laisser refroidir complètement, puis réfrigérer toute une nuit.

5 Retirer la graisse solidifiée de la surface de la soupe. Réchauffer à feu doux jusqu'à ce que la soupe soit bien chaude, puis saler et poivrer. Répartir dans des bols chauds, garnir de persil et servir immédiatement.

Harira

Pour 6 personnes

Ingrédients

- 2 cuil. à soupe d'huile d'olive
- 225 g d'agneau maigre sans os, coupé en cubes
- 1 oignon, haché
- 115 g de pois chiches, trempés toute une nuit et rincés
- 1,5 l de bouillon de légumes
- 115 g de lentilles rouges ou jaunes
- 2 grosses tomates, pelées, épépinées et coupées en dés
- 1 poivron rouge, épépiné et coupé en dés
- 1 cuil. à soupe de concentré de tomates
- 1 cuil. à café de sucre
- 1 cuil. à café de cannelle en poudre
- ½ cuil. à café de curcuma en poudre
- ½ cuil. à café de gingembre en poudre
- 1 cuil. à soupe de coriandre fraîche hachée, un peu plus pour la garniture
- 1 cuil. à soupe de persil frais haché
- 55 g de riz long grain
- sel et poivre

1 Faire chauffer l'huile dans une grande casserole. Ajouter l'agneau et cuire 8 à 10 minutes à feu moyen, en remuant fréquemment, jusqu'à ce qu'il soit légèrement bruni. Réduire le feu, ajouter l'oignon et cuire 5 minutes, en remuant fréquemment, jusqu'à ce qu'il soit tendre.

2 Baisser le feu à température moyenne, ajouter les pois chiches, mouiller avec le bouillon et porter à ébullition. Réduire le feu, couvrir et laisser mijoter 2 heures.

3 Ajouter les lentilles, les tomates, le poivron, le concentré de tomates, le sucre, la cannelle, le curcuma, le gingembre, la coriandre et le persil, et laisser mijoter 15 minutes. Ajouter le riz et laisser mijoter encore 15 minutes, jusqu'à ce que le riz soit cuit et que les lentilles soient tendres.

4 Saler et poivrer à volonté et retirer la casserole du feu. Répartir la soupe dans des bols chauds, parsemer de coriandre et servir immédiatement.

Velouté de poulet

Pour 4 personnes

Ingrédients
- 40 g de beurre
- 4 échalotes, hachées
- 1 poireau, émincé
- 450 g de blancs de poulet, sans peau, hachés
- 600 ml de bouillon de poulet
- 1 cuil. à soupe de persil frais haché
- 1 cuil. à soupe de thym frais haché
- 175 ml de crème fraîche épaisse
- sel et poivre
- brins de thym frais, en garniture
- pain, en accompagnement

1 Faire fondre le beurre dans une grande casserole à feu moyen. Ajouter les échalotes et cuire 3 minutes, sans cesser de remuer, jusqu'à ce qu'elles soient légèrement ramollies. Ajouter le poireau et cuire encore 5 minutes, sans cesser de remuer. Ajouter le poulet, le bouillon et les herbes, puis saler et poivrer.

2 Porter à ébullition, puis réduire le feu et laisser mijoter 25 minutes, jusqu'à ce que le poulet soit tendre et bien cuit.

3 Retirer la casserole du feu et laisser tiédir. Transférer dans un robot de cuisine ou un blender, en plusieurs fois si nécessaire, et mixer. Remettre dans la casserole rincée et réchauffer à feu doux.

4 Ajouter la crème fraîche et cuire encore 2 minutes, puis retirer du feu et répartir dans des bols chauds. Garnir avec des brins de thym et servir immédiatement avec du pain.

Soupe de poulet
aux boulettes de matza

Pour 4 personnes

Ingrédients
- 2 quarts de poulet
- 2,5 l de bouillon de légumes
- 2 oignons, hachés
- 2 branches de céleri, hachées
- 2 carottes, hachées
- 2 tomates, pelées et hachées
- 2 brins de persil frais
- 55 g de vermicelle
- sel et poivre
- persil frais haché,
  en garniture

Boulettes de matza
- 55 g de beurre
- ½ oignon, râpé
- 1 œuf
- 1 jaune d'œuf
- 1 cuil. à soupe de persil frais
  finement haché
- 1 cuil. à soupe d'eau
- 115 g de matza (pain azyme),
  écrasée
- sel et poivre

1 Préparer d'abord les boulettes de matza. Faire fondre 15 g de beurre dans une petite poêle. Ajouter l'oignon et cuire 5 minutes à feu doux, en remuant de temps en temps, jusqu'à ce qu'il soit tendre. Retirer du feu et laisser refroidir.

2 Battre le reste du beurre en pommade dans un bol, puis incorporer progressivement l'œuf et le jaune d'œuf. Ajouter le persil et l'oignon cuit, saler et poivrer et bien mélanger, puis incorporer l'eau. Ajouter la chapelure de matza jusqu'à ce qu'elle soit complètement incorporée. Couvrir et laisser reposer 30 minutes au réfrigérateur.

3 Entre-temps, mettre le poulet dans une grande casserole et ajouter le bouillon. Porter à ébullition à feu doux à moyen, en écumant régulièrement la surface. Laisser mijoter 15 minutes.

4 Ajouter les oignons, le céleri, les carottes, les tomates et les brins de persil, puis saler et poivrer. Réduire le feu, couvrir et laisser mijoter 50 à 60 minutes, jusqu'à ce que le poulet soit bien cuit. Entre-temps, façonner la pâte de matza en 18 boulettes.

5 Filtrer la soupe au-dessus d'une casserole propre, en réservant les morceaux de poulet. Retirer la peau du poulet et le désosser. Couper la chair en petits morceaux. Ajouter le poulet, le vermicelle et les boulettes de matza dans la casserole, couvrir et laisser mijoter 20 à 30 minutes à feu doux. Répartir dans des bols chauds, garnir de persil haché et servir immédiatement.

Soupe de poulet au
gingembre et au lait de coco

Pour 4 personnes

Ingrédients

- 400 g de blancs de poulet, sans peau, coupés en lanières
- 100 g de riz thaïlandais parfumé
- 1 brin de citronnelle, écrasé
- 4 gousses d'ail, grossièrement hachées
- 2 piments verts frais, épépinés et émincés
- 4 feuilles de lime kaffir, chiffonnées
- 1 morceau de gingembre frais de 2,5 cm, haché
- 4 cuil. à soupe de coriandre fraîche hachée, un peu plus pour la garniture
- 1,5 l de bouillon de légumes ou de poulet
- 400 ml de lait de coco en boîte
- 4 oignons verts, finement émincés
- 115 g de mini-épis de maïs
- 115 g de petits champignons de Paris, coupés en deux
- sel
- piment rouge frais haché, en garniture

1 Mettre le poulet, le riz, la citronnelle, l'ail, les piments verts, les feuilles de lime, le gingembre et la coriandre dans une casserole. Mouiller avec le bouillon et le lait de coco, puis porter à ébullition à feu moyen, en remuant de temps en temps. Réduire le feu, couvrir et laisser mijoter 1 heure.

2 Retirer la casserole du feu et laisser tiédir. Retirer la citronnelle et les feuilles de lime. Transférer la soupe dans un robot de cuisine ou un blender, en plusieurs fois si nécessaire, et mixer.

3 Remettre la soupe dans la casserole rincée, saler et ajouter les oignons verts, les mini-épis de maïs et les champignons. Porter de nouveau à ébullition, puis réduire le feu et laisser mijoter 5 minutes.

4 Retirer la casserole du feu. Répartir la soupe dans des bols chauds, garnir avec la coriandre et le piment rouge, et servir immédiatement.

Soupe de poulet au riz

Pour 4 personnes

Ingrédients

- 1,5 l de bouillon de poulet
- 2 petites carottes, très finement émincées
- 1 branche de céleri, finement coupée en dés
- 1 petit poireau, coupé en deux dans la longueur et finement émincé
- 115 g de petit pois, décongelés s'ils sont surgelés
- 175 g de riz cuit
- 150 g de poulet cuit, émincé
- 2 cuil. à café d'estragon frais haché
- 1 cuil. à soupe de persil plat frais haché, quelques brins supplémentaires en garniture
- sel et poivre

1 Mettre le bouillon dans une grande casserole et ajouter les carottes, le céleri et le poireau. Porter à ébullition, réduire le feu et laisser mijoter 10 minutes à feu doux, partiellement couvert.

2 Ajouter les petits pois, le riz et le poulet, et cuire encore 10 à 15 minutes, jusqu'à ce que les légumes soient tendres.

3 Ajouter l'estragon haché et le persil, puis goûter et rectifier l'assaisonnement, en ajoutant du sel et du poivre si nécessaire.

4 Répartir la soupe dans des bols chauds, garnir de brins de persil et servir immédiatement.

Soupe de poulet
aux nouilles

Pour 6 personnes

Ingrédients
- 2 cuil. à soupe d'huile végétale
- 1 oignon, haché
- 2 branches de céleri, coupées en dés
- 3 carottes, coupées en dés
- 1 brin de thym frais
- 1,5 l de bouillon de poulet
- 400 g de blancs de poulet, sans peau, coupés en cubes de 1 cm
- 50 g de nouilles fines aux œufs, coupées en petits tronçons
- 3 cuil. à soupe de persil plat frais haché
- sel et poivre

1 Faire chauffer l'huile dans une grande sauteuse à feu moyen. Ajouter l'oignon, le céleri, les carottes et le brin de thym, puis saler et poivrer. Couvrir et cuire 7 minutes, en remuant de temps en temps.

2 Ajouter le bouillon et porter à ébullition. Réduire le feu, puis laisser mijoter 15 minutes, partiellement couvert, jusqu'à ce que les légumes soient juste tendres.

3 Ajouter le poulet et les nouilles. Porter de nouveau à ébullition, puis laisser mijoter 10 minutes, jusqu'à ce que le poulet soit cuit et que les nouilles soient tendres.

4 Goûter et rectifier l'assaisonnement, en ajoutant du sel et du poivre si nécessaire. Répartir dans des bols chauds, parsemer de persil et servir immédiatement.

Soupe indienne au curry

Pour 4 à 6 personnes

Ingrédients

- 55 g de beurre
- 2 oignons, hachés
- 1 petit navet, coupé en dés
- 2 carottes, finement émincées
- 1 pomme, évidée, pelée et hachée
- 2 cuil. à soupe de poudre de curry doux
- 1,2 l de bouillon de poulet
- jus d'un demi-citron
- 175 g de poulet cuit, coupé en petits morceaux
- 2 cuil. à soupe de coriandre fraîche hachée, un peu plus pour la garniture
- sel et poivre
- 55 g de riz cuit, en accompagnement

1 Faire fondre le beurre dans une grande casserole à feu moyen, Ajouter les oignons et faire suer 5 minutes à feu doux, jusqu'à ce qu'ils soient tendres mais pas dorés.

2 Ajouter le navet, les carottes et la pomme, et cuire encore 3 à 4 minutes.

3 Ajouter la poudre de curry et bien enrober les légumes, puis ajouter le bouillon. Porter à ébullition, couvrir et laisser mijoter 45 minutes. Saler et poivrer, puis ajouter le jus de citron.

4 Retirer la casserole du feu et laisser tiédir. Transférer dans un robot de cuisine ou un blender, en plusieurs fois si nécessaire, et mixer. Remettre la soupe dans une casserole rincée, Ajouter le poulet et la coriandre, et réchauffer à feu doux.

5 Mettre une cuillerée de riz dans chaque bol de service et couvrir avec la soupe. Garnir de coriandre et servir immédiatement.

Soupe de dinde aux lentilles

Pour 4 personnes

Ingrédients

- 1 cuil. à soupe d'huile d'olive
- 1 gousse d'ail, hachée
- 1 gros oignon, haché
- 200 g de champignonsde Paris, émincés
- 1 poivron rouge, épépiné et haché
- 6 tomates, pelées, épépinées et hachées
- 1,2 l de bouillon de poulet
- 150 ml de vin rouge
- 85 g de fleurettes de chou-fleur
- 1 carotte, hachée
- 200 g de lentilles rouges
- 350 g de dinde cuite, hachée
- 1 courgette, hachée
- 1 cuil. à soupe de basilic frais ciselé
- sel et poivre
- pain, en accompagnement

1 Faire chauffer l'huile dans une grande casserole. Ajouter l'ail et l'oignon, et cuire 3 minutes à feu moyen, sans cesser de remuer, jusqu'à ce qu'ils soient ramollis. Ajouter les champignons, le poivron rouge et les tomates, et cuire encore 5 minutes, sans cesser de remuer.

2 Ajouter le bouillon et le vin, puis ajouter le chou-fleur, la carotte et les lentilles. Saler et poivrer à volonté. Porter à ébullition, puis réduire le feu et laisser mijoter 25 minutes à feu doux, jusqu'à ce que les légumes soient bien cuits.

3 Ajouter la dinde et la courgette dans la casserole et cuire 10 minutes. Ajouter le basilic et cuire encore 5 minutes, puis retirer du feu et répartir dans des bols chauds. Servir immédiatement avec du pain.

Soupe à la dinde,
au poireau et au bleu

Pour 4 personnes

Ingrédients

- 55 g de beurre
- 1 gros oignon, haché
- 1 poireau, émincé
- 325 g de dinde cuite, émincée
- 600 ml de bouillon de poulet
- 150 g de fromage à pâte persillée (roquefort ou bleu), émietté
- 150 ml de crème fraîche épaisse
- 1 cuil. à soupe d'estragon frais haché, quelques feuilles supplémentaires en garniture
- poivre
- croûtons, en accompagnement

1 Faire fondre le beurre dans une casserole à feu moyen. Ajouter l'oignon et cuire 4 minutes, sans cesser de remuer, jusqu'à ce qu'il soit légèrement ramolli. Ajouter le poireau et cuire encore 3 minutes.

2 Ajouter la dinde dans la casserole et mouiller avec le bouillon. Porter à ébullition, puis réduire le feu et laisser mijoter à environ 15 minutes à feu doux, en remuant de temps en temps. Retirer du feu et laisser tiédir.

3 Transférer la moitié de la soupe dans un robot de cuisine ou un blender et mixer. Remettre la préparation dans la casserole avec le reste de la soupe, incorporer le fromage à pâte persillée, l'estragon haché et la crème fraîche, puis poivrer. Réchauffer à feu doux, sans cesser de remuer.

4 Retirer du feu et répartir dans des bols chauds. Garnir de feuilles d'estragon et servir immédiatement avec des croûtons.

Bouillon oriental au canard

Pour 4 personnes

Ingrédients

- 2 quarts de canard, sans peau
- 1 litre d'eau
- 600 ml de bouillon de poulet
- 1 morceau de gingembre frais de 2,5 cm, émincé
- 1 grosse carotte, émincée, et 1 petite carotte, coupée en lanières
- 1 oignon, émincé
- 1 poireau de taille moyenne, émincé, et 1 petit poireau, coupé en lanières
- 3 gousses d'ail, écrasées
- 1 cuil. à café de grains de poivre noir
- 2 cuil. à soupe de sauce de soja, ou à volonté
- 100 g de shiitakes, finement émincés
- 25 g de feuilles de cresson
- sel et poivre

1 Mettre le canard dans une grande casserole avec l'eau. Porter à frémissement en écumant régulièrement la surface. Ajouter le bouillon, le gingembre, les légumes émincés, l'ail, le poivre et la sauce de soja. Réduire le feu et laisser mijoter 1½ heure, partiellement couvert.

2 Retirer le canard du bouillon et réserver. Lorsque le canard est suffisamment froid pour être tenu, le désosser et l'émincer finement en lamelles, en retirant la graisse.

3 Filtrer la soupe en pressant les ingrédients avec le dos d'une cuillère pour extraire tout le liquide. Retirer le plus de graisse possible. Jeter les légumes et les condiments.

4 Porter le bouillon obtenu à frémissement dans une casserole propre et ajouter les lanières de carotte et de poireau, les champignons et la viande de canard. Réduire le feu et cuire 5 minutes à feu doux, jusqu'à ce que la carotte soit juste tendre.

5 Ajouter le cresson et laisser mijoter encore 1 à 2 minutes, jusqu'à ce que les feuilles soient juste tombées. Goûter et rectifier l'assaisonnement, en ajoutant de la sauce de soja si nécessaire. Répartir la soupe dans des bols chauds et servir immédiatement.

Chapitre 5
Soupes au poisson et aux fruits de mer

Bouillabaisse

Pour 8 personnes

Ingrédients

- 1 kg de filets de poissons fermes (au moins 4 différents) comme du rouget, du vivaneau, du bar, de l'anguille ou de la lotte, écaillés et nettoyés au besoin
- 500 g de moules, grattées et ébarbées
- 100 ml d'huile d'olive
- 2 oignons, finement hachés
- 1 bulbe de fenouil, finement haché
- 4 gousses d'ail, hachées
- 1,2 kg de tomates olivettes en boîte
- 1,5 l de fumet de poisson
- pincée de filaments de safran
- zeste râpé d'une orange
- 1 bouquet garni
- 500 g de crevettes cuites, avec leur carapace
- sel et poivre
- baguette, en accompagnement

Rouille

- 30 g de chapelure fraîche mélangée à 1 cuil. à soupe d'eau
- 3 gousses d'ail, grossièrement hachées
- 1 jaune d'œuf
- 1 piment rouge frais, épépiné et haché
- ½ cuil. à café de sel
- 175 ml d'huile d'olive

1 Commencer par préparer la rouille. Mettre tous les ingrédients hormis l'huile d'olive dans un robot de cuisine et mixer jusqu'à obtention d'une pâte. Continuer de mixer en ajoutant l'huile d'olive en mince filet jusqu'à obtenir la consistance d'une mayonnaise épaisse.

2 Désarêter soigneusement le poisson, puis découper les filets en morceaux réguliers. Jeter les moules dont la coquille est brisée ainsi que celles qui ne se referment pas lorsqu'on les touche. Réserver.

3 Faire chauffer l'huile dans une très grande poêle ou une cocotte et faire revenir l'oignon et le fenouil environ 15 minutes à feu doux, jusqu'à ce qu'ils soient tendres. Ajouter l'ail et faire revenir 2 minutes, puis ajouter les tomates et laisser mijoter 2 minutes. Mouiller avec le bouillon, ajouter le safran, le zeste d'orange et le bouquet garni, et porter à ébullition. Laisser mijoter 15 minutes à découvert.

4 Ajouter les morceaux de poisson, les moules et les crevettes, et couvrir la casserole. Laisser mijoter encore 5 à 10 minutes, jusqu'à ce que the moules soient ouvertes. Jeter toutes celles qui restent fermées. Goûter et rectifier l'assaisonnement avec du sel et du poivre si nécessaire.

5 Retirer la soupe du feu et répartir dans des bols chauds. Servir immédiatement avec la rouille et de la baguette.

Soupe de poisson méditerranéenne à l'aïoli

Pour 4 personnes

Ingrédients

- 2 kg de poissons blancs comme du grondin, du rouget, du vivaneau, du mérou ou du cabillaud, en filets, en réservant les arêtes, les têtes et les parures
- 2 cuil. à soupe de vinaigre de vin blanc
- 2 cuil. à soupe de jus de citron
- 1,7 l de bouillon de légumes
- 2 cuil. à café d'herbes de Provence
- 2 feuilles de laurier
- 4 jaunes d'œufs
- sel
- croûtes, en accompagnement

Aïoli

- 4 gousses d'ail
- pincée de sel
- 2 jaunes d'œufs
- 125 ml d'huile d'olive vierge extra
- 125 ml d'huile de tournesol ou de carthame
- 1 à 2 cuil. à soupe de jus de citron

1 Couper et jeter les branchies des têtes de poisson. Couper les filets de poisson en morceaux et réserver. Mettre les arêtes, les têtes et les parures de poisson dans une casserole, ajouter le vinaigre, la moitié du jus de citron et le bouillon. Incorporer les herbes de Provence et les feuilles de laurier, et porter à ébullition. Saler à volonté, réduire le feu et laisser mijoter 30 minutes.

2 Entre-temps, préparer l'aïoli. Mettre l'ail et le sel dans un mortier et réduire en pâte à l'aide d'un pilon. Transférer dans un bol, ajouter les jaunes d'œufs et battre brièvement à l'aide d'un batteur électrique jusqu'à ce que le mélange soit onctueux. Bien mélanger les huiles dans une terrine et incorporer progressivement le mélange dans les œufs. Lorsque environ la moitié de l'huile a été incorporée, ajouter le reste en un mince filet, sans cesser de battre. Incorporer le jus de citron jusqu'à obtention de la consistance désirée. Transférer l'aïoli dans une saucière, couvrir et réserver.

3 Filtrer le liquide de cuisson de la casserole au-dessus d'une terrine. Compléter avec de l'eau si nécessaire pour obtenir 1,7 l. Remettre dans la casserole, après avoir jeté les têtes, les arêtes et les parures de poisson, ainsi que les feuilles de laurier.

4 Battre les jaunes d'œufs avec le reste du jus de citron dans un bol et incorporer le mélange dans la casserole. Ajouter les morceaux de poisson, bien mélanger et cuire 7 à 8 minutes à feu doux, jusqu'à ce que le poisson soit cuit. Ne pas laisser bouillir la soupe. Retirer du feu et répartir dans des bols chauds. Servir immédiatement avec l'aïoli et des croûtes.

Soupe de poisson
à la génoise

Pour 4 personnes

Ingrédients
- 25 g de beurre
- 1 oignon, haché
- 1 gousse d'ail, finement hachée
- 55 g de lard maigre sans couenne, coupé en dés
- 2 branches de céleri, hachées
- 400 g de tomates concassées en boîte
- 150 ml de vin blanc sec
- 300 ml de fumet de poisson
- 4 feuilles de basilic frais, chiffonné
- 2 cuil. à soupe de persil plat frais haché
- 450 g de filets de poisson blanc, cabillaud ou lotte, pelés ot hachés
- 115 g de crevettes cuites décortiquées
- sel et poivre

1 Faire fondre le beurre dans une grande sauteuse. Ajouter l'oignon et l'ail, et cuire à feu doux 5 minutes, en remuant de temps en temps, jusqu'à ce qu'ils soient ramollis.

2 Ajouter le lard et le céleri, ot cuire encore 2 minutes, en remuant fréquemment.

3 Ajouter les tomates, le vin, le bouillon, le basilic et la moitié du persil. Saler et poivrer à volonté. Porter à ébullition, puis réduire le feu et laisser mijoter 10 minutes.

4 Ajouter le poisson et cuire 5 minutes, jusqu'à ce qu'il devienne opaque. Ajouter les crevettes et réchauffer 3 minutes à feu doux.

5 Répartir dans des bols chauds, garnir avec le reste de persil et servir immédiatement.

Soupe de poisson
aux patates douces

Pour 6 personnes

Ingrédients

- 350 g de filets de poisson blanc, pelés
- 250 g de patates douces, coupées en dés
- 1 oignon, haché
- 2 carottes, coupées en dés
- ½ cuil. à café de cannelle en poudre
- 1,7 l de fumet de poisson ou de bouillon de légumes
- 400 g de palourdes, grattées
- 150 ml de vin blanc sec
- 225 ml de crème fraîche
- sel et poivre
- huile d'olive vierge extra, pour arroser
- persil frais haché, en garniture

1 Mettre le poisson, les patates douces, l'oignon, les carottes et la cannelle dans une casserole, mouiller avec 1 litre de bouillon et porter à ébullition. Réduire le feu, couvrir et laisser mijoter 30 minutes.

2 Entre-temps, jeter les palourdes dont la coquille est brisée ou qui ne se referment pas lorsqu'on les manipule. Mettre les palourdes dans une autre casserole, ajouter le vin, couvrir et cuire 3 à 5 minutes à feu vif, en secouant la casserole de temps en temps, jusqu'à ce que les palourdes soient ouvertes. Retirer la casserole du feu et sortir les palourdes à l'aide d'une écumoire, en réservant le liquide de cuisson. Jeter les palourdes qui ne se sont pas ouvertes et retirer les autres de leurs coquilles. Filtrer le liquide de cuisson à travers une passoire fine au-dessus d'une terrine.

3 Retirer la casserole de poisson et de légumes du feu et laisser tiédir. Transférer dans un robot de cuisine ou un blender, en plusieurs fois si nécessaire, et mixer.

4 Remettre la soupe dans la casserole rincée, ajouter le bouillon restant et le liquide de cuisson réservé, et porter de nouveau à ébullition. Réduire le feu et incorporer progressivement la crème. Ne pas laisser bouillir. Ajouter les palourdes, saler et poivrer à volonté, et laisser mijoter 2 minutes, en remuant fréquemment, jusqu'à ce que la soupe soit chaude. Arroser d'huile d'olive vierge extra, garnir de persil et servir immédiatement.

Soupe de poisson au miso

Pour 4 personnes

Ingrédients

- 850 ml de fumet de poisson ou de bouillon de légumes
- 1 morceau de gingembre frais de 2,5 cm, râpé
- 1 cuil. à soupe de mirin ou de xérès sec
- 1 piment oiseau frais, épépiné et finement émincé
- 1 carotte, finement émincée
- 55 g de daïkon, coupé en lanières ou ½ botte de radis, émincés
- 1 poivron jaune, épépiné et coupé en lanières
- 85 g de shiitakés, émincés s'ils sont gros
- 40 g de nouilles fines aux œufs
- 225 g de filets de sole, sans peau et coupés en lanières
- 1 cuil. à soupe de pâte miso
- 4 oignons verts, ciselés

1 Mettre le bouillon dans une grande casserole et ajouter le gingembre, le mirin et le piment. Porter à ébullition, puis réduire le feu et laisser mijoter 5 minutes.

2 Ajouter la carotte, le daïkon, le poivron jaune, les champignons et les nouilles, et laisser mijoter encore 3 minutes.

3 Ajouter les lanières de poisson avec la pâte miso et cuire encore 2 minutes, jusqu'à ce que le poisson soit tendre. Répartir dans des bols chauds, garnir d'oignons verts et servir immédiatement.

Soupe de poisson
aux poivrons grillés

Pour 4 à 6 personnes

Ingrédients

- 2 poivrons rouges ou orange
- 2 à 3 cuil. à soupe d'huile d'olive
- 1 oignon, finement haché
- 2 à 3 gousses d'ail, finement hachées
- 1 à 2 cuil. à café de harissa
- 1 petite botte de persil plat frais, finement haché
- 850 ml de fumet de poisson
- 175 ml de xérès ou de vin blanc (facultatif)
- 400 g de tomates concassées en boîte, égouttées
- 1 kg de poisson à chair ferme, cabillaud, églefin, julienne, bar et/ou vivaneau, coupé en gros morceaux (on peut également ajouter des fruits de mer)
- sel et poivre
- 1 petite botte de coriandre fraîche, grossièrement hachée, en garniture
- pain, en accompagnement

1 En les tenant avec des pinces, passer les poivrons directement sur la flamme du gaz ou les faire cuire 6 à 8 minutes au gril préchauffé ou au barbecue, en retournant fréquemment, jusqu'à ce que la peau cloque et noircisse. Mettre les poivrons grillés dans un sac en plastique alimentaire et laisser suer 5 minutes, puis les attraper par la tige et les peler. Mettre les poivrons sur une planche à découper, retirer les tiges et les graines, et découper la chair en lanières épaisses. Réserver.

2 Faire chauffer l'huile dans une grande casserole ou une cocotte, ajouter les oignons et l'ail, et cuire 2 à 3 minutes à feu moyen, en remuant fréquemment, jusqu'à ce qu'ils commencent à colorer. Ajouter l'harissa et le persil, et mouiller avec le bouillon.

3 Porter à ébullition, puis réduire le feu et laisser mijoter 10 minutes pour laisser les arômes se développer.

4 Ajouter éventuellement le xérès, puis les tomates. Incorporer délicatement le poisson et les poivrons grillés, et porter de nouveau à ébullition. Réduire le feu, saler et poivrer à volonté, et laisser mijoter environ 5 minutes, jusqu'à ce que le poisson soit cuit. Répartir dans des bols chauds, garnir de coriandre et servir immédiatement avec du pain.

Soupe de poisson
écossaise

Pour 4 à 6 personnes

Ingrédients

- 500 g d'églefin
- 1 gros oignon, haché
- 4 brins de persil frais, un peu de persil haché supplémentaire en garniture
- 1,3 l de fumet de poisson ou de bouillon de légumes
- 750 g de pommes de terre, coupées en morceaux
- 55 g de beurre
- 850 ml de lait
- sel et poivre
- pain, en accompagnement

1 Mettre le poisson, l'oignon et les brins de persil dans une grande casserole. Mouiller avec le bouillon et porter à ébullition, en écumant régulièrement la surface. Réduire le feu, couvrir et laisser mijoter 10 minutes, jusqu'à ce que le poisson se défasse.

2 Retirer la casserole du feu et retirer le poisson avec une écumoire à poisson. Retirer la peau et les arêtes du poisson, et émietter la chair. Filtrer le bouillon dans une casserole propre.

3 Remettre le bouillon sur le feu, ajouter les pommes de terre et porter de nouveau à ébullition. Réduire le feu et laisser mijoter 20 à 30 minutes, jusqu'à ce qu'elles soient tendres.

4 Retirer la casserole du feu. À l'aide d'une écumoire, transférer les pommes de terre dans une terrine, ajouter le beurre et réduire en purée lisse.

5 Remettre la casserole sur le feu, ajouter le lait et porter à ébullition. Incorporer les pommes de terre écrasées, petit à petit, jusqu'à ce qu'elles soient entièrement incorporées. Incorporer délicatement le poisson, saler et poivrer à volonté. Répartir dans des bols chauds, garnir de persil haché et servir immédiatement avec du pain.

Soupe au saumon
et au poireau

Pour 4 personnes

Ingrédients
- 1 cuil. à soupe d'huile d'olive
- 1 gros oignon, finement haché
- 3 gros poireaux, y compris la partie verte, finement émincés
- 1 pomme de terre, finement coupée en dés
- 450 ml de fumet de poisson
- 700 ml d'eau
- 1 feuille de laurier
- 300 g de filet de saumon sans peau, coupé en cubes de 1 cm
- 80 ml de crème fraîche épaisse
- jus de citron, à volonté (facultatif)
- sel et poivre
- cerfeuil frais ou brins de persil plat frais, en garniture

1 Faire chauffer l'huile dans une cocotte à feu moyen. Ajouter l'oignon et les poireaux, et cuire environ 3 minutes, jusqu'à ce qu'ils commencent à ramollir.

2 Ajouter la pomme de terre, le bouillon, l'eau et la feuille de laurier avec une grosse pincée de sel. Porter à ébullition, puis réduire le feu, couvrir et cuire environ 25 minutes à feu doux, jusqu'à ce que les légumes soient tendres. Retirer la feuille de laurier.

3 Retirer la soupe du feu et laisser tiédir. Transférer la moitié de la soupe dans un robot de cuisine ou un blender, et mixer. Remettre la préparation dans la casserole avec le reste de la soupe et bien mélanger. Réchauffer à feu doux.

4 Assaisonner le saumon avec du sel et du poivre, et l'incorporer à la soupe. Cuire encore 5 minutes, en remuant de temps en temps, jusqu'à ce que le poisson soit tendre et commence à se défaire. Incorporer la crème fraîche, goûter et rectifier l'assaisonnement, en ajoutant éventuellement du jus de citron. Répartir dans des bols chauds, garnir de brins de cerfeuil et servir immédiatement.

Soupe de saumon teriyaki

Pour 4 personnes

Ingrédients

- 1 litre de fumet de poisson ou de bouillon de légumes
- 1 grosse gousse d'ail
- ½ cuil. à café de sauce de soja légère
- 4 filets de saumon de 140 g, sans peau
- huile d'arachide ou de tournesol, pour badigeonner
- 140 g de nouilles ramen ou de nouilles fines aux œufs
- 100 g de jeunes feuilles d'épinards
- 4 oignons verts, hachés

Glaçage teriyaki

- 2½ cuil. à soupe de saké
- 2½ cuil. à soupe de sauce de soja épaisse
- 2 cuil. à soupe de mirin ou de xérès doux
- ½ cuil. à soupe de sucre roux
- ½ gousse d'ail, très finement hachée
- 1 morceau de gingembre frais de 0,5 cm, très finement hachés

Pour servir

- 100 g de germes de soja frais
- 1 piment vert frais, épépiné et émincé
- feuilles de coriandre fraîche

1 Préchauffer le gril à feu vif. Mettre le bouillon dans une casserole, ajouter la gousse d'ail et la sauce de soja, et porter à ébullition.

2 Mélanger les ingrédients du glaçage teriyaki et en badigeonner chaque filet de saumon. Graisser légèrement la grille du four avec de l'huile et cuire un seul côté du saumon 4 minutes sous le gril préchauffé. La chair doit se détacher facilement et le cœur doit être légèrement rosé. Retirer le poisson du gril et réserver.

3 Cuire les nouilles 5 minutes dans une casserole d'eau bouillante, ou en suivant les instructions figurant sur le paquet.

4 Retirer l'ail du bouillon, puis porter de nouveau le bouillon à ébullition. Ajouter les feuilles d'épinards et les oignons verts, et cuire jusqu'à ce que les feuilles soient juste flétries. Retirer les épinards et les oignons verts de la casserole à l'aide d'une écumoire et les répartir dans des bols chauds. Répartir également les nouilles, puis ajouter un filet de saumon dans chaque bol. Remplir délicatement les bols de bouillon chaud.

5 Parsemer de germes de soja, de rondelles de piment et de feuilles de coriandre. Servir immédiatement.

Soupe de crevettes épicée

Pour 2 personnes

Ingrédients

- 300 g de grosses crevettes crues, décortiquées et déveinées
- 2 cuil. à café d'huile végétale
- 2 piments rouges frais, émincés
- 1 gousse d'ail, émincée
- environ 750 ml de fumet de poisson
- 4 fines tranches de gingembre frais
- 2 brins de citronnelle, écrasés
- 5 feuilles de lime kaffir, ciselées
- 2 cuil. à café de sucre de palme ou de sucre roux
- 1 cuil. à soupe d'huile de piment
- poignée de feuilles de coriandre fraîche
- trait de jus de citron vert

1 Faire revenir les crevettes dans une poêle ou un wok, jusqu'à ce qu'elles rosissent. Retirer et réserver.

2 Faire chauffer l'huile végétale dans la même poêle, ajouter les piments et l'ail, et faire revenir 30 secondes.

3 Ajouter le bouillon, le gingembre, la citronnelle, les feuilles de lime et le sucre, et laisser mijoter 4 minutes. Ajouter les crevettes réservées avec l'huile de piment et la coriandre, et cuire 1 à 2 minutes.

4 Incorporer le jus de citron vert, répartir la soupe dans des bols chauds et servir immédiatement.

Laksa

Pour 4 personnes

Ingrédients
- 1 cuil. à soupe d'huile de tournesol
- 2 à 3 gousses d'ail, coupées en fines tranches
- 1 ou 2 piments thaïlandais rouges frais, épépinés et émincés
- 2 brins de citronnelle, feuilles extérieures retirées, hachés
- 1 morceau de gingembre frais de 2,5 cm, râpé
- 1,2 l de fumet de poisson ou de bouillon de légumes
- 350 g de grosses crevettes crues, pelées et deveinées
- 115 g de shiitakés, émincés
- 1 grosse carotte, râpée
- 55 g de nouilles aux œufs sèches (facultatif)
- 1 à 2 cuil. à café de sauce de poisson thaïlandaise
- 1 cuil. à soupe de coriandre fraîche hachée, quelques brins supplémentaires en garniture

1 Faire chauffer l'huile dans une grande casserole à feu moyen, ajouter l'ail, les piments, la citronnelle et le gingembre, et cuire 5 minutes, en remuant fréquemment. Ajouter le bouillon et porter à ébullition, puis réduire le feu et laisser mijoter 5 minutes.

2 Incorporer les crevettes, les champignons et la carotte. Casser éventuellement les nouilles aux œufs en petits tronçons, ajouter dans la casserole et laisser mijoter encore 5 minutes, jusqu'à ce que les crevettes aient rosi et que les nouilles soient tendres.

3 Incorporer la sauce de poisson et la coriandre, et réchauffer encore 1 minute. Répartir dans des bols chauds, garnir de brins de coriandre et servir immédiatement.

Soupe aux noix de Saint-Jacques et aux pâtes

Pour 6 personnes

Ingrédients
- 500 g de noix de Saint-Jacques, parées
- 350 ml de lait
- 1,5 l de fumet de poisson ou de bouillon de légumes
- 250 g de petits pois surgelés
- 175 g de tagliolini
- 70 g de beurre
- 2 oignons verts, finement hachés
- 175 ml de vin blanc sec
- 3 tranches de prosciutto, coupées en fines lanières
- sel et poivre
- persil frais haché, en garniture

1 Couper les noix de Saint-Jacques en deux horizontalement, saler et poivrer à volonté.

2 Verser le lait et le bouillon dans une casserole, ajouter une pincée de sel et porter à ébullition. Ajouter les petits pois et les pâtes, porter de nouveau à ébullition et cuire 8 à 10 minutes, jusqu'à ce que les pâtes soient *al dente*.

3 Entre-temps, faire fondre le beurre dans une poêle. Ajouter les oignons verts et cuire à feu doux 3 minutes, en remuant de temps en temps. Ajouter les noix de Saint-Jacques et cuire 45 secondes de chaque côté. Ajouter le vin, puis le prosciutto et cuire encore 2 à 3 minutes.

4 Ajouter la préparation de noix de Saint-Jacques dans la soupe. Goûter et rectifier l'assaisonnement avec du sel et du poivre si nécessaire. Répartir dans des bols chauds, garnir de persil et servir immédiatement.

Chaudrée de palourdes
de Manhattan

Pour 6 personnes

Ingrédients

- 1 cuil. à café d'huile de tournesol
- 115 g de petit salé ou de lard frais, coupé en dés
- 1 oignon, finement haché
- 2 branches de céleri, hachées
- 4 tomates, pelées, épépinées et hachées
- 3 pommes de terre, coupées en dés
- pincée de thym séché
- 3 cuil. à soupe de persil frais haché
- 150 ml de jus de tomate
- 600 ml de fumet de poisson ou de bouillon de légumes
- 36 palourdes, grattées
- 150 ml de vin blanc sec
- sel et poivre
- pain, en accompagnement

1 Faire chauffer l'huile dans une casserole. Ajouter le petit salé et cuire 6 à 8 minutes à feu moyen, en remuant fréquemment, jusqu'à ce qu'il soit doré. Retirer à l'aide d'une écumoire.

2 Ajouter l'oignon et le céleri dans la casserole, réduire le feu et cuire 5 minutes, en remuant de temps en temps, jusqu'à ce qu'ils soient tendres. Augmenter le feu à température moyenne et ajouter les tomates, les pommes de terre, le thym et le persil.

3 Remettre le porc dans la casserole, saler et poivrer à volonté, et ajouter le jus de tomate et le bouillon. Porter à ébullition, sans cesser de remuer, puis réduire le feu, couvrir et laisser mijoter 15 à 20 minutes, jusqu'à ce que les pommes de terre soient juste tendres

4 Entre-temps, jeter les palourdes dont la coquille est brisée et celles qui ne s'ouvrent pas lorsqu'on les manipule. Mettre les autres dans une autre casserole, ajouter le vin, couvrir et cuire 4 à 5 minutes à feu vif, en secouant la casserole de temps en temps, jusqu'à ce que les palourdes soient ouvertes.

5 Retirer the palourdes à l'aide d'une écumoire et laisser tiédir. Filtrer le liquide de cuisson à travers une mousseline et mettre dans la soupe. Jeter les palourdes qui ne se sont pas ouvertes et retirer les autres de leurs coquilles.

6 Ajouter les palourdes à la soupe et réchauffer 2 à 3 minutes, sans cesser de remuer. Retirer du feu, goûter et rectifier l'assaisonnement en ajoutant du sel et du poivre si nécessaire. Répartir dans des bols chauds et servir immédiatement avec du pain.

Chaudrée de palourdes
traditionnelle

Pour 4 personnes

Ingrédients

- 900 g de palourdes, grattées
- 4 tranches de lard maigre, hachées
- 25 g de beurre
- 1 oignon, haché
- 1 cuil. à soupe de thym frais haché
- 1 grosse pomme de terre, coupée en dés
- 300 ml de lait
- 1 feuille de laurier
- 375 ml de crème fraîche épaisse
- 1 cuil. à soupe de persil frais haché
- sel et poivre

1 Jeter les palourdes dont la coquille est brisée et celles qui ne s'ouvrent pas lorsqu'on les manipule. Mettre les autres dans une grande casserole avec un peu d'eau. Cuire 3 à 4 minutes à feu vif, jusqu'à ce qu'elles soient ouvertes. Jeter toutes celles qui sont restées fermées. Filtrer, en réservant le liquide de cuisson. Laisser refroidir les palourdes jusqu'à ce qu'elles puissent être tenues.

2 Réserver quelques palourdes dans leurs coquilles pour la garniture, puis retirer les autres de leurs coquilles. Hacher grossièrement les grosses et réserver.

3 Dans une casserole propre, faire revenir le lard à sec jusqu'à ce qu'il soit doré et croustillant. Égoutter sur du papier absorbant. Mettre le beurre dans la même casserole et, lorsqu'il est fondu, ajouter les oignons. Cuire 4 à 5 minutes, jusqu'à ce qu'ils soient tendres mais pas colorés. Ajouter le thym et cuire brièvement avant d'ajouter la pomme de terre, le liquide de cuisson réservé, le lait et la feuille de laurier.

Porter à ébullition, puis réduire le feu et laisser mijoter 10 minutes, jusqu'à ce que la pomme de terre soit juste tendre.

4 Retirer la soupe du feu et laisser tiédir. Retirer la feuille de laurier, puis transférer la soupe dans un robot de cuisine ou un blender, en plusieurs fois si nécessaire, et mixer.

5 Remettre la soupe dans la casserole rincée et ajouter les palourdes, le lard et la crème fraîche. Laisser mijoter encore 2 à 3 minutes, jusqu'à ce que la soupe soit chaude. Saler et poivrer à volonté. Incorporer le persil et répartir la soupe dans des bols chauds. Garnir avec les palourdes dans leurs coquilles réservées et servir immédiatement.

Soupe de moules

Pour 6 personnes

Ingrédients

- 1 kg de moules, grattées et ébarbées
- 1 oignon, finement haché
- 2 cuil. à soupe de persil frais haché
- 2 feuilles de laurier
- 250 ml de cidre sec
- 55 g de beurre
- 2 branches de céleri, hachées
- 2 poireaux, finement émincés
- 600 ml de lait
- 40 g de farine
- 600 ml de fumet de poisson ou de bouillon de légumes
- pincée de noix muscade fraîchement râpée
- ½ cuil. à café de graines de fenouil
- 225 ml de crème fraîche épaisse
- sel et poivre
- pain complet, en accompagnement

1 Jeter les moules dont la coquille est brisée ainsi que celles qui ne se referment pas lorsqu'on les touche. Mettre l'oignon, le persil et les feuilles de laurier dans une grande casserole, et ajouter les moules. Saler et poivrer à volonté, puis mouiller avec le cidre. Couvrir, porter à ébullition à feu vif et cuire 4 à 5 minutes, en secouant la casserole de temps en temps, jusqu'à ce que les moules soient ouvertes.

2 Retirer la casserole du feu et sortir les moules. Jeter toutes celles qui restent fermées. Retirer les autres de leurs coquilles et réserver. Filtrer the liquide de cuisson dans une terrine.

3 Faire fondre le beurre dans une autre casserole. Ajouter le céleri et les poireaux, et cuire 8 minutes à feu doux, en remuant de temps en temps, jusqu'à ce que les légumes soient dorés. Entre-temps, mettre le lait dans une autre casserole et porter à ébullition, puis retirer du feu.

4 Saupoudrer les légumes de farine et cuire 2 minutes, sans cesser de remuer. Augmenter le feu et incorporer progressivement le lait chaud, puis ajouter le bouillon. Porter à ébullition, sans cesser de remuer, puis réduire le feu et laisser mijoter 15 minutes.

5 Retirer la casserole du feu et filtrer la soupe dans une terrine. Remettre dans la casserole rincée, ajouter le liquide de cuisson réservé, la noix muscade, les graines de fenouil et les moules. Incorporer la crème et réchauffer à feu doux, mais ne pas laisser bouillir. Répartir dans des bols chauds et servir immédiatement avec du pain complet.

Soupe de carottes
aux moules

Pour 4 à 6 personnes

Ingrédients

- 1 kg de carottes
- 100 g de beurre
- 1 cuil. à café de sucre
- 1,3 l de fumet de poisson ou de bouillon de légumes
- 1 kg de moules, grattées et ébarbées
- 300 ml de vin blanc sec
- 1 gousse d'ail, grossièrement hachée
- sel et poivre
- 2 cuil. à soupe de persil frais haché, en garniture
- pain complet, en accompagnement

1 Réserver trois carottes et émincer les autres. Faire fondre 55 g de beurre dans une grande casserole. Ajouter les rondelles de carottes et la moitié du sucre, et cuire 5 minutes à feu doux, en remuant de temps en temps. Augmenter le feu à température moyenne, ajouter le bouillon, saler à volonté et porter à ébullition.

2 Réduire le feu, couvrir et laisser mijoter 25 minutes, en remuant de temps en temps. Entre-temps, hacher finement les carottes réservées. Faire fondre le reste du beurre dans une petite casserole. Ajouter les carottes hachées et le reste du sucre, et cuire 10 minutes. à feu doux, en remuant de temps en temps. Retirer du feu.

3 Jeter les moules dont la coquille est brisée ainsi que celles qui ne se referment pas lorsqu'on les manipule. Mettre les autres dans une casserole, ajouter le vin et l'ail. Couvrir et cuire 4 à 5 minutes à feu vif, en secouant la casserole de temps en temps, jusqu'à ce que les moules soient ouvertes. Retirer la casserole du feu et sortir les moules. Jeter toutes celles qui restent fermées. Retirer les autres moules de leurs coquilles. Filtrer le liquide de cuisson à travers une mousseline et mettre dans une terrine.

4 Retirer la casserole de bouillon et de rondelles de carottes du feu, et laisser tiédir. Transférer dans un robot de cuisine ou un blender, ajouter le liquide de cuisson et mixer. Remettre la soupe dans la casserole rincée, saler et poivrer à volonté, et réchauffer à feu doux.

5 Incorporer délicatement les moules dans la soupe ainsi que le mélange de carottes et de sucre. Répartir dans des bols chauds, garnir de persil et servir immédiatement avec des petits pains.

Velouté de crabe
et de maïs cajun

Pour 6 personnes

Ingrédients

- 40 g de beurre
- 1 oignon, finement haché
- 2 gousses d'ail, finement hachées
- 2 branches de céleri, finement hachées
- 1 petite carotte, finement hachée
- 175 ml de vin blanc demi-sec
- 500 ml de fumet de poisson ou de bouillon de légumes
- 250 g de grains de maïs surgelés
- pincée de poivre de Cayenne
- ½ cuil. à café de fines herbes déshydratées
- 350 ml de crème fraîche épaisse
- 175 ml de crème fraîche
- 1 cuil. à soupe d'aneth frais haché
- 225 g de chair de crabe blanc
- sel et poivre
- pain complet, en accompagnement

1 Faire fondre le beurre dans une grande casserole. Ajouter l'oignon, l'ail, le céleri et la carotte, et cuire 5 minutes à feu doux, en remuant de temps en temps, jusqu'à ce que les légumes soient tendres.

2 Augmenter le feu a température moyenne, ajouter le vin et cuire 2 minutes, jusqu'à ce que l'alcool soit évaporé. Mouiller avec le bouillon et porter à ébullition, puis ajouter le maïs, le poivre de Cayenne et les herbes. Porter de nouveau à ébullition, réduire le feu et laisser mijoter 15 minutes.

3 Ajouter la crème fraîche épaisse et laisser mijoter encore 10 à 15 minutes à feu très doux, mais ne pas laisser bouillir.

4 Ajouter progressivement la crème fraîche, sans cesser de battre avec un fouet à main, puis incorporer l'aneth et la chair de crabe. Saler et poivrer à volonté. Réchauffer 3 à 4 minutes à feu doux. Répartir dans des bols chauds et servir immédiatement avec des petits pains.

Bisque de homard

Pour 4 personnes

Ingrédients

- 450 g de homard cuit
- 45 g de beurre
- 1 petite carotte, râpée
- 1 branche de céleri, finement hachée
- 1 poireau, finement haché
- 1 petit oignon, finement haché
- 2 échalotes, finement hachées
- 3 cuil. à soupe de cognac
- 55 ml de vin blanc sec
- 1,2 l d'eau
- 1 cuil. à soupe de coulis de tomate
- 125 ml de crème fouettée, ou à volonté
- 6 cuil. à soupe de farine
- 2 à 3 cuil. à soupe d'eau
- sel et poivre
- ciboulette fraîche ciselée, en garniture

1 Détacher la queue du homard. Couper le corps en deux dans la longueur. Prélever la tomalli (partie gris-vert pâle) et la laitance si c'est une femelle (partie ferme rouge orangé). Réserver le tout, couvrir et réfrigérer. Retirer la chair et la découper en petits morceaux réguliers. Briser la carapace en gros morceaux.

2 Faire fondre le beurre dans une grande casserole à feu moyen et ajouter les morceaux de carapace. Faire revenir jusqu'à ce qu'ils commencent à attacher à la casserole. Ajouter la carotte, le céleri, le poireau, l'oignon et les échalotes. Cuire 1½ à 2 minutes, sans cesser de remuer (ne pas laisser brunir). Ajouter le cognac et le vin, et laisser frémir 1 minute. Ajouter l'eau, le coulis de tomate et une bonne pincée de sel, puis porter à ébullition. Réduire le feu et laisser mijoter 30 minutes, puis filtrer le bouillon, en jetant les éléments solides.

3 Faire fondre le reste du beurre dans une petite casserole et ajouter la tomalli et la laitance s'il y en a. Ajouter la crème fraîche et bien mélanger, puis retirer du feu et réserver.

4 Mettre la farine dans une petite terrine et incorporer l'eau froide très lentement et en battant. Ajouter un peu de bouillon chaud pour obtenir un roux blond homogène.

5 Porter le reste du bouillon de homard à ébullition et incorporer le rox blond en battant. Faire frémir 4 à 5 minutes à feu doux, jusqu'à ce que la soupe épaississe. Passer le mélange de tomalli et de laitance dans une passoire au-dessus de la soupe, puis ajouter la chair de homard. Laisser mijoter jusqu'à ce que la soupe soit bien chaude.

6 Goûter et rectifier l'assaisonnement avec du sel et du poivre si nécessaire. Incorporer éventuellement encore un peu de crème fraîche. Répartir dans des bols chauds, garnir de ciboulette et servir immédiatement.

Chapitre 6
Accompagnements

Croûtons

Pour 4 à 6 personnes

Ingrédients

- 2 tranches de pain blanc ou complet de la veille, croûte retirée
- 4 cuil. à soupe d'huile végétale ou d'huile d'olive
- 1 gousse d'ail, finement hachée (facultatif)
- fines herbes finement hachées, comme persil et thym (facultatif)
- ½ cuil. à café de paprika ou de poudre de piment (facultatif)
- 1 cuil. à soupe de parmesan fraîchement râpé (facultatif)
- sel et poivre

1 Couper le pain en cubes de 1 cm.

2 Faire chauffer l'huile dans une poêle et ajouter l'ail, éventuellement, et les cubes de pain sur une seule couche. Faire revenir, en remuant de temps en temps, jusqu'à ce que le pain soit bien doré et croustillant.

3 Retirer la poêle du feu et transférer les croûtons sur du papier absorbant pour les égoutter.

4 Tant que les croûtons sont chauds, les passer éventuellement dans les fines herbes, le paprika ou le parmesan. Saler et poivrer à volonté. Les croûtons sont meilleurs s'ils sont consommés le jour même.

Petits pains au sésame

Pour 8 petits pains

Ingrédients
- 450 g de farine, un peu plus pour saupoudrer
- 1 cuil. à café de sel
- 1½ cuil. à café de levure sèche active
- 1 cuil. à soupe d'huile végétale, plus extra pour badigeonner
- 350 ml d'eau tiède
- 1 œuf, battu
- graines de sésame ou de pavot, pour parsemer

1 Mettre la farine, le sel et la levure dans une grande jatte, et bien mélanger. Incorporer l'huile et ajouter l'eau, puis bien mélanger jusqu'à obtention d'une pâte lisse.

2 Placer la pâte sur une surface légèrement farinée et bien pétrir 5 à 7 minutes, jusqu'à ce qu'elle soit lisse et souple. Graisser une jatte avec de l'huile. Façonner la pâte en une boule, la placer dans la jatte et couvrir avec un torchon. Laisser lever 1 heure dans un endroit chaud, jusqu'à ce que la pâte ait doublé de volume.

3 Placer la pâte sur une surface légèrement farinée et pétrir brièvement jusqu'à ce qu'elle soit lisse. Diviser la pâte en huit morceaux. En façonner la moitié en petits pains ronds, et l'autre moitié en petites miches en superposant une boule et une autre boule plus petite. Disposer les petits pains sur une plaque à pâtisserie.

4 Couvrir les petits pains et les miches avec un torchon et laisser lever 30 minutes, jusqu'à ce qu'ils aient doublé de volume.

5 Préchauffer le four à 220 °C (th. 7-8). Dorer les pains avec l'œuf battu et parsemer avec les graines. Faire cuire 10 à 15 minutes au four préchauffé, jusqu'à ce qu'ils soient bien dorés. Vérifier que les pains sont cuits en tapotant la base avec les doigts – cela doit sonner creux. Transférer sur une grille métallique et laisser refroidir.

Pain blanc

Pour 1 pain

Ingrédients

- 1 œuf
- 1 jaune d'œuf
- eau tiède, autant que nécessaire
- 500 g de farine, un peu plus pour saupoudrer
- 1½ cuil. à café de sel
- 2 cuil. à café de sucre
- 1 cuil. à café de levure sèche active
- 25 g de beurre, coupé en dés
- huile de tournesol, pour graisser

1 Mettre l'œuf et le jaune d'œuf dans une jatte et mélanger. Ajouter suffisamment d'eau tiède pour obtenir 300 ml en tout. Bien mélanger.

2 Mettre la farine, le sel, le sucre et la levure dans une grande jatte. Ajouter le beurre et l'incorporer avec le bout des doigts jusqu'à ce que la préparation ressemble à de la chapelure. Creuser un puits au centre, ajouter le mélange d'œuf et d'eau et malaxer jusqu'à obtention d'une pâte lisse.

3 Placer la pâte sur une surface légèrement farinée et bien pétrir environ 10 minutes, jusqu'à ce qu'elle soit lisse. Graisser une jatte avec de l'huile. Façonner la pâte en une boule, la placer dans la jatte et couvrir avec un torchon. Laisser lever 1 heure dans un endroit chaud, jusqu'à ce que la pâte ait doublé de volume.

4 Graisser un moule à cake de 900 g avec de l'huile. Placer la pâte sur une surface légèrement farinée et pétrir 1 minute, jusqu'à ce qu'elle soit lisse. Façonner la pâte en un rectangle de la longueur du moule et de trois fois sa largeur. Replier la pâte en trois dans le sens de la longueur, la retourner et la disposer dans le moule. Couvrir et laisser lever dans un endroit chaud 30 minutes, jusqu'à ce que la pâte dépasse du haut du moule.

5 Préchauffer le four à 220 °C (th. 7-8). Faire cuire au four préchauffé 30 minutes, jusqu'à ce que la pâte soit ferme et bien dorée. Vérifier que le pain est cuit en tapotant la base avec les doigts – cela doit sonner creux. Transférer sur une grille métallique et laisser refroidir.

Pain complet

Pour 1 pain

Ingrédients

- 225 g de farine complète, un peu plus pour saupoudrer
- 1 cuil. à soupe de lait écrémé en poudre
- 1 cuil. à café de sel
- 2 cuil. à soupe de sucre roux
- 1 cuil. à café de levure sèche active
- 1½ cuil. à soupe d'huile de tournesol, un peu plus pour graisser
- 175 ml d'eau tiède

1 Mettre la farine, le lait en poudre, le sel, le sucre et la levure dans une grande jatte. Incorporer l'huile et ajouter l'eau, puis bien mélanger jusqu'à obtention d'une pâte lisse.

2 Placer la pâte sur une surface légèrement farinée et bien pétrir environ 10 minutes jusqu'à obtention d'une pâte souple. Graisser une jatte avec de l'huile. Façonner la pâte en une boule, la placer dans la jatte et couvrir avec un torchon. Laisser lever 1 heure dans un endroit chaud, jusqu'à ce que la pâte ait doublé de volume.

3 Graisser un moule à cake de 900 g avec de l'huile. Placer de nouveau la pâte sur une surface légèrement farinée et pétrir 1 minute, jusqu'à ce qu'elle soit lisse. Façonner la pâte en un rectangle de la longueur du moule et de trois fois sa largeur. Replier la pâte en trois dans le sens de la longueur, la retourner et la disposer dans le moule. Couvrir et laisser lever dans un endroit chaud 30 minutes, jusqu'à ce que la pâte dépasse du haut du moule.

4 Préchauffer le four à 220 °C (th. 7-8). Faire cuire au four préchauffé 30 minutes, jusqu'à ce que la pâte soit ferme et bien dorée. Vérifier que le pain est cuit en tapotant la base avec les doigts – cela doit sonner creux. Transférer sur une grille métallique et laisser refroidir.

Pain aux trois graines

Pour 1 pain

Ingrédients

- 375 g de farine, un peu plus pour saupoudrer
- 125 g de farine de seigle
- 1½ cuil. à soupe de lait écrémé en poudre
- 1½ cuil. à café de sel
- 1 cuil. à soupe de sucre roux
- 1 cuil. à café de levure sèche active
- 1½ cuil. à soupe d'huile de tournesol, un peu plus pour graisser
- 2 cuil. à café de jus de citron
- 300 ml d'eau tiède
- 1 cuil. à café de graines de carvi
- ½ cuil. à café de graines de pavot
- ½ cuil. à café de graines de sésame

Dorure

- 1 blanc d'œuf
- 1 cuil. à soupe d'eau
- 1 cuil. à soupe de graines de tournesol ou de courge

1 Mettre la farine, le lait en poudre, le sel, le sucre et la levure dans une grande jatte. Incorporer l'huile et ajouter le jus de citron et l'eau. Incorporer les graines et bien mélanger jusqu'à obtention d'une pâte homogène. Placer la pâte sur une surface légèrement farinée et bien pétrir environ 10 minutes, jusqu'à ce qu'elle soit lisse.

2 Graisser une jatte avec de l'huile. Façonner la pâte en une boule, la placer dans la jatte et couvrir avec un torchon. Laisser lever dans un endroit chaud 1 heure, jusqu'à ce que la pâte ait doublé de volume.

3 Graisser un moule à cake de 900 g avec de l'huile. Placer la pâte sur une surface légèrement farinée et pétrir 1 minute, jusqu'à ce qu'elle soit lisse. Façonner la pâte en un rectangle de la longueur du moule et de trois fois sa largeur. Replier la pâte en trois dans le sens de la longueur, la retourner et la disposer dans le moule. Couvrir et laisser lever 30 minutes dans un endroit chaud, jusqu'à ce que la pâte dépasse du haut du moule.

4 Préchauffer le four à 220 °C (th. 7-8). Pour la dorure, battre légèrement le blanc d'œuf avec l'eau pour préparer la dorure. Juste avant la cuisson, badigeonner le pain de dorure puis parsemer de graines en les faisant adhérer à la pâte.

5 Faire cuire au four préchauffé 30 minutes, jusqu'à ce que la pâte soit ferme et bien dorée. Vérifier que le pain est cuit en tapotant la base avec les doigts – cela doit sonner creux. Transférer sur une grille métallique et laisser refroidir.

Pain de seigle

Pour 1 pain

Ingrédients
- 450 g de farine de seigle
- 225 g de farine, un peu plus pour saupoudrer
- 2 cuil. à café de sel
- 2 cuil. à café de sucre roux
- 1½ cuil. à café de levure sèche active
- 425 ml d'eau tiède
- 2 cuil. à café d'huile végétale, un peu plus pour graisser

Dorure
- 1 blanc d'œuf
- 1 cuil. à soupe d'eau

1 Tamiser les farines et le sel dans une jatte. Ajouter le sucre et la levure et mélanger. Creuser un puits au centre et incorporer l'eau et l'huile.

2 Mélanger soigneusement, puis pétrir jusqu'à ce que la pâte se détache de la paroi de la jatte. Placer la pâte sur une surface légèrement farinée et pétrir 10 minutes, jusqu'à ce que la pâte soit souple et lisse.

3 Graisser une jatte avec de l'huile. Façonner la pâte en une boule, la mettre dans la jatte et couvrir avec un torchon. Laisser lever 2 heures dans un endroit chaud, jusqu'à ce que la pâte ait doublé de volume.

4 Graisser une plaque à pâtisserie avec de l'huile. Placer la pâte sur une surface légèrement farinée, puis pétrir 10 minutes.

5 Façonner la pâte en une boule, la disposer sur la plaque à pâtisserie graissée et couvrir. Laisser lever dans un endroit chaud encore 40 minutes, jusqu'à ce que la pâte ait doublé de volume.

6 Préchauffer le four à 190 °C (th. 6-7). Battre légèrement le blanc d'œuf avec l'eau pour la dorure.

7 Faire cuire le pain au four préchauffé for 20 minutes, puis retirer du four et badigeonner avec la moitié de la dorure. Remettre au four et cuire encore 20 minutes.

8 Badigeonner le pain avec le reste de la dorure et remettre au four encore 20 à 30 minutes, jusqu'à ce que la croûte soit bien brune. Vérifier que le pain est cuit en tapotant la base avec les doigts – cela doit sonner creux. Transférer sur une grille métallique et laisser refroidir.

Pain irlandais

Pour 1 pain

Ingrédients

- 280 g de farine, un peu plus pour saupoudrer
- 280 g de farine complète
- 1½ cuil. à café de bicarbonate de sodium
- 1 cuil. à café de sel
- 1 cuil. à café de sucre roux
- environ 425 ml de babeurre

1 Préchauffer le four à 230 °C (th. 7-8). Saupoudrer une plaque à pâtisserie de farine. Tamiser les farines, le bicarbonate de sodium et le sel dans une jatte et incorporer le sucre. Creuser un puits au centre et incorporer suffisamment de babeurre pour obtenir une pâte souple, mais ni trop collante ni trop humide. Rajouter un peu de babeurre, si nécessaire.

2 Placer la pâte sur une surface farinée, la pétrir et la façonner en un grand rond d'environ 5 cm d'épaisseur. Saupoudrer de farine et, à l'aide d'un couteau tranchant, pratiquer une entaille profonde en forme de croix.

3 Disposer le pain sur la plaque à pâtisserie farinée et faire cuire au four préchauffé 15 minutes. Réduire la température du four à 200 ºC (t. 6-7) et cuire encore 20 à 25 minutes, jusqu'à ce que la pâte soit ferme et bien dorée. Vérifier que le pain est cuit en tapotant la base avec les doigts – cela doit sonner creux. Transférer sur une grille métallique et laisser refroidir.

Pour 4 personnes

Pour 6 ou 7 scones

Ingrédients
- 225 g de farine, un peu plus pour saupoudrer
- 1 cuil. à café de sel
- 1 cuil. à café de bicarbonate de sodium
- 1 cuil. à café de crème de tartre
- ¼ de cuil. à café de poivre blanc
- 50 g de beurre
- 150 ml de babeurre ou de crème fraîche
- jaune d'œuf battu, pour dorer

Scones au babeurre

1 Tamiser la farine, le sel, le bicarbonate de sodium et la crème de tartre dans une jatte. Tamiser de nouveau de façon à bien mélanger les ingrédients. Incorporer le poivre.

2 Incorporer le beurre avec le bout des doigts jusqu'à ce que la préparation ressemble à une fine chapelure. Creuser un puits au centre et incorporer le babeurre. Mélanger à l'aide d'une fourchette pour former une pâte. Placer la pâte sur une surface légèrement farinée et pétrir très délicatement jusqu'à ce que la pâte soit lisse.

3 Abaisser la pâte sur une épaisseur de 2 cm. La découper en cercle de 6 cm de diamètre à l'aide d'un emporte-pièce. Laisser reposer 15 minutes.

4 Préchauffer le four à 220 °C (th. 7-8). Faire chauffer une plaque à pâtisserie antiadhésive dans le four. Badigeonner les scones avec le jaune d'œuf battu et les disposer sur la plaque à pâtisserie. Faire cuire 15 minutes au four préchauffé, jusqu'à ce que les scones soient bien levés et dorés. Transférer sur une grille métallique et laisser refroidir.

Muffins à la farine de maïs
et au piment

Pour 12 muffins

Ingrédients
- 175 g de farine
- 4 cuil. à café de levure chimique
- 175 g de farine de maïs
  ou de polenta
- 2 cuil. à soupe de sucre en
  poudre
- 1 cuil. à café de sel
- 4 oignons verts, finement hachés
- 1 piment rouge frais, épépiné et
  finement hachés
- 3 œufs, battus
- 150 ml de yaourt nature
- 150 ml de lait

1 Préchauffer le four à 200 °C (th. 6-7). Chemiser de caissettes en papier une plaque à muffins à 12 empreintes.

2 Tamiser la farine et la levure chimique dans une grande jatte. Incorporer la farine de maïs, le sucre, le sel, les oignons verts et le piment.

3 Battre les œufs, le yaourt et le lait, puis incorporer le mélange à base de farine et bien mélanger. Répartir la préparation dans la plaque à muffins.

4 Faire cuire les muffins 15 à 20 minutes au four préchauffé, jusqu'à ce qu'ils soient levés, dorés et juste fermes au toucher. Transférer sur une grille métallique et laisser refroidir.